그림 속 인생

그림 속 인생

초판 1쇄 인쇄	2023년 7월 17일
초판 1쇄 발행	2023년 8월 08일

신고번호	제313-2010-376호
등록번호	105-91-58839

지은이	박현주

발행처	보민출판사
발행인	김국환
기획	김선희
편집	이상문
디자인	김민정

ISBN	979-11-6957-066-4　　03800

주소	경기도 파주시 해울로 11, 우미린더퍼스트@ 상가 2동 109호
전화	070-8615-7449
사이트	www.bominbook.com

· 가격은 뒤표지에 있으며, 파본은 구입하신 서점에서 교환해드립니다.
· 이 책은 저작권법에 의하여 보호를 받는 저작물이므로 무단 전재와 복사를 금합니다.

그림 속 인생

글·그림 **박현주**

멋스러움과 여유를 갈망하며 시작하고자 했던
글쓰기와 그림이었는데
이것들이 내 삶의 버팀목이 되어주었다.

글을 시작하며

　내 삶의 가장 끝자락에 하고 싶은 것은 글쓰기였다. 어린 시절 백일장에서 입선한 경험, 교실 게시판에 항상 자리했던 내 이름이 쓰여진 원고지, 중학교 때 조회대에 올라가 글쓰기 대회를 수상했던 경험, 그리고 전북일보에 가서 두꺼운 에센스 영어사전을 부상으로 받았던 기억… 그러고 보니 함께 수상하러 간 선배 언니보다 내가 더 큰 상을 받았던 것 같다. 여튼 내 마지막 직업을 작가로 선택한 이유는 책을 즐겨 읽는 내 취미 생활까지 덧붙여 차고도 넘친다.

　수석 교사 시절 시간적 여유가 생긴 나는 큰마음을 먹고 제법 형식을 갖춘 글이라는 것을 써보았다. 여유라기보다는 내 삶이 너무 지루하고 견디기 힘들어 글을 쓰며 위로를 받았던 것 같다. 내가 만났던 특별한 인연들에 대해 썼던 글이었는데 세 명의 지인들에게 보여주고 제법 호평을 받았다. 그리고 9년이 지난 며칠 전 두 명의 감수성이 풍부한 지인들에게 보여주고 책으로 내도 되겠다고 글을 써보라는 권고를 받았다. 내가 다시 읽어봐도 제법 괜찮은 글이었다.

　젊은 시절 내가 가장 하고 싶었던 것은 그림을 그리는 거였다. 화가가 되고 싶은 것이 아니라 여유와 멋스러움이 어우러진 그림 그리는 여자를 막연하게 동경하였다. 내게 시간과 경제적 여유가 허락되면 시작하겠노라고 막연하게 마음속에 품고 있던 로망이었다. 지금 나는 그림을 그리고 있다. 여유와 멋스러움이 아닌 나 자신을 위로하고 치료하기 위해 그림을 그리고 있다. 그림을 시작한 지 벌써 7년이 흘렀다. 방학 때 며칠, 어쩌다 주말 오전에 그리는 것이 전부였지만 포기하지 않으니 애초에 내가 계획했던 대로 그리고 싶은 풍경화 정도는 그릴 수 있는 수준이 되었다.

　멋스러움과 여유를 갈망하며 시작하고자 했던 글쓰기와 그림이었는데 이것들이 내 삶의 버팀목이 되어주었다. 그만큼 삶은 녹록지 않았다. 나는 정말 예쁘고 아름답게 살기를 꿈꾸었으나 그런 삶을 꿈꾼 대가로 내가 치러야 했던 몫은 만만치 않았다. 장돌뱅이 부부의 막내딸로 단칸방에서 참고서도 빌려보며 전교 1등을 했던, 부잣집 딸처럼 이중생활을 했던 내게 네까짓 것이 감히 그런 삶을 꿈꾸느냐며 삶은 나를 들이밀었지만 50이 넘은 지금도 소녀 감성을 가지고 멋지게 산다는 주변의 평을 듣는 나니 삶이 아무리 나를 들이밀어도 적어도 비기기는 한 삶이었던 것 같다.

이제 나는 내가 위로받았던 글과 그림을 통해 나를 들이민 삶에 다시 도전하려 한다. 이번에는 기필코 들이밀리지 않고 나를 들이밀던 알 수 없는 악의 기운을 깊은 절벽으로 밀어뜨릴 것이다. 나는 오래 칼을 갈아왔다. It's your time.

- 2023년 한여름

저자 **박현주**

목차

글을 시작하며 • 4

화병 속의 장미 • 11
엄마슈퍼 • 15
긴 터널의 끝 • 20
그 시절 왜 집만 그렸을까 • 32
음악과 딸, 그리고 나 • 39
나는 얼마나 예쁘게 살기를 꿈꾸었는가 • 46
나는 나를 사랑한다 • 56
내 마음속의 아이 • 66
비 오는 날의 수채화 • 73
흐르는 강물처럼 • 78
꿈 속에서 • 83
빈집… 빛으로 채우다. 그리고… 그래도 나의 하나님 • 88
빛은 어둠 속에서 더욱 반짝인다 • 93
사랑하는 아빠, 오래오래 기억해 드릴게요 • 97
봄은 오고 꽃은 피고 • 104
착한 사람 • 110
호랑이 새끼 중에 고양이는 없다 • 115
모지스 할머니처럼 • 120

To. 세상에 한 명뿐인 우리 엄마께♥ • 126
하나님께서 제게 주신 하나의 빛이자 사랑인 엄마께 • 128
글을 마치며 • 131
에필로그 • 132

그림 속
인생

화병 속의 장미

- 2016년 여름 -

　딸은 의사가 되고 싶어 했다. 그런데 공부를 잘하지 못하였다. 딸은 예쁘고 착하고 유순했다. 내 딸이라서 당연히 학습 능력이 뛰어나고 자존감이 높을 줄 알았기에 어린 시절부터 양보하고 절제하도록 교육시켰다. 말이 늦고 학습 효과가 더디어도 언젠가는 진가를 발휘하리라는 믿음이 있었다. 딸은 옳고 그름을 분별할 줄 알았고 의사가 되려는 목적이 분명하고 선하였다. 그래서 주님이 도우실 줄 알았다. 열심히 가르치고 기도하면 이루어질 거라 믿었다. 그러나 딸은 내게 절망만 안겨주었다. 그래서 시작한 것이 그림이었다. 딸에게서 눈을 돌리고자 시작했던 그림이었는데 화실에서 내가 느낀 감정은 세상이 줄 수 없는 평안이었다.

앞의 그림은 딸이 중학교 2학년이던 여름방학에 그린 그림이다. 에어컨도 없는 2층 자기 방에서 무기력하게 누워만 있는 딸을 보고 있는 것이 답답해서 그린 그림이었는데 정작 이 그림은 답답함과 거리가 먼 화사하고 산뜻한 느낌이다. 내 마음속의 답답함을 청초하게 승화시키고 싶었던 모양이다. 그림을 그리기 시작한 지 얼마 안 되었기에 내게 너무 어려운 과업 같았지만 그리다 보니 완성이 된 것을 보고 나도 놀라웠다. 내가 그린 것이 맞나 싶을 정도로… 지금은 부원장이 된 홍대 나온 보조 선생님께도 잘했다는 칭찬을 받아서 내게 숨겨진 미술적 재능이 있는 것은 아닌지 착각이 들 정도였다.

현재 이 그림은 목포에 있는 향옥이 언니네 집에 있다. 새 집을 지어 이사한 향옥 언니에게 젊은 시절 무례함(언니 친정 식구를 쫓아내고 친구와 함께 숙박을 했었다.)에 대한 뒤늦은 답례로 표구까지 해서 선물했는데 언니가 유용하게 쓰고 있는지 모르겠다. 언니 말로는 거실에 잘 걸어두었다고 했는데…

중3이 되어 공부를 놓아버린 딸 때문에 답답했던 어느 여름날 목포 향옥이 언니네 무화과 밭에서 무화과를 따며 언니에게 딸에 대해 넋두리를 했는데 언니는 잘 되기 위한 과정이라고 덤덤하게 말했다. 내 딸을 내가 어떻게 키웠으며 인문계 입학도 막막하다는 이야기를 하지 않은 상황이라서 언니의 태도가 야속하게만 느껴졌다. 누구에게도 못한 말이라 언니에게는 털어놓고 싶었는데 내 자존심은 내 입을 막아버렸.

그해 겨울 딸은 인문계 고등학교에 합격하고 고등학교 때 자신의 재능을 찾아 음악으로 전향한 후 명문대학은 아니지만 음악으로는 제법 이름이 있는 대학교에 들어갔으니 언니의 말이 틀리지는 않은 것 같다. 섬세한 감성에 독특한 성향을 가지고 있는 딸아이는 아직도 내 기도 제목이지만 언니의 말대로 잘 되기 위한 과정일 뿐이라고 믿을 수밖에 없기에 여전히 그림을 그리며 기도를 하며 딸의 미래가 저 화병 속의 장미처럼 분홍빛으로 화사하게 피어나기를 간절히 고대하고 있다.

엄마슈퍼

2017년 여름

　왜 하필 이 그림이 눈에 들어왔을까? 이 시절 "동전 하나로도 행복했던 구멍가게의 날들"이란 책이 베스트셀러였다. 책 속에는 정겹고 예쁜 펜화들이 많았지만 이 그림이 내 눈을 사로잡았던 이유는 바로 "엄마슈퍼"라는 간판 때문이었을 것이다. 나뿐만이 아니라 그림을 시작한 지 얼마 안 되는 이들 중에 꽤 다수가 이 그림을 모작했던 것으로 안다. 바로 "엄마"라는 그 이름 때문에…

　엄마가 제대로 걷지 못하게 된 것은 큰딸 중학교 1학년 겨울방학 때였다. 병원에 가자는 내 말을 고집스럽게 무시하는 엄마를 보며 나는 내 인생이 앞으로 더 이상 행복할 수 없다는 것을 알았다. 그러고 보니 내가 행복하지 못한 이유는 큰딸의 문제가 아니었다. 대책 없는 긍정적인 마인드의 소유자였던 내게도 엄마의 병환과 고집은 수습 불가한 상황이었다.

형제들이 사는 모습이 녹록지 못하여 엄마의 뒷수발은 전적으로 내 몫이었다. 하다못해 친정집에 드나드는 길고양이들의 사료 구입까지… 예전에 어떤 작가가 글쓰기가 자기 살을 깎아 먹는 것이라고 하더니 지금 내 심정이 그렇다. 너무 아프고 너무 지겹고 힘들어서 쓰고 싶지 않다. 진절머리 나는 친정… 단지 엄마 아빠 부양이 아닌 죽은 오빠의 아들, 자녀 문제로 고통받고 있는 작은 오빠의 가정, 형부의 사업 실패로 인해 친성을 돌아볼 수 없는 언니 가정까지… 내게 친정은 견디기 힘든 십자가였다. 아무리 쏟아부어도 밑 빠진 독 같았던… 아무리 기도해도 쫓겨난 귀신이 다시 일곱 귀신을 데리고 돌아온 듯 상황이 나빠지는 것을 보며 나는 결국 나라도 행복해야 한다는 것을 깨달았고 친정을 무시하기 위해 노력했다. 그곳에 다녀오면 기운이 없고 나쁜 일이 생기기 일쑤였고 또 감정을 다스리지 못한 나는 내 아이들에게 거친 말을 내뿜기도 했기에 친정을 방문할 때마다 상처를 각오하리라는 굳은 결심을 해야만 했다.

이제 아버지를 보내고 어머니는 요양원에 계셔서 내 몸은 자유로워졌지만 친정을 생각하면 여전히 뒷골이 당기고 아픈 기억들이 꼬리에 꼬리를 물고 돌아온다. 항상 내게 받으려고만 했던 내 어머니… 가진 것이 없고 안타까운 아들과 손자들이 눈에 밟혀서 그랬겠지만 끊임없이 내게 요구하고 내 아픔은 돌아보지 않았던 우리 어머니… 그런 어머니가 아닌 어린 시절 내게 따뜻한 밥을 해주고 고등어조림을 해주시고 매일매일 동전 한 닢을 주시던 보편적인 엄마의 모습을 닮았던 그때의 내 엄마가 나는 그리웠나 보다.

오죽하면 엄마가 돌아가시면 내가 슬플까 그런 생각을 해보았다. 지난주에 언니와 요양원에 다녀와서도 그 말을 했었다. 안 슬플 것 같다고 너무 지긋지긋해서 슬프지 않을 것 같다고… 그런데 나는 많이 슬플 것 같다. 아버지가 돌아가시고 몇 달 동안 책을 못 읽었던 것처럼 내 진액을 다 뽑으려 했던 7년간의 엄마 모습이 아닌 어린 시절 행상을 하며 나를 키웠던 강인한 우리 어머니를 기억하며 나는 많이많이 아파할 것이다. 그 상황에서도 택한 그림이 저것이었으니까…

엄마 슈퍼… 무엇이든 제일 좋은 것으로 내어줄 것 같은 그 이름… 그런데 내게는 그러지 않은 이름… 끊임없이 내게 요구하던 내 행복을 갉아먹던… 노래 가사처럼 내가 웃고 싶을 때도 나를 울어버리게 만들어버리던 그 이름… 엄마… 지긋지긋한 그 이름… 엄마의 상태가 점점 안 좋아지는 것을 보니 야곱의 7년이 올해에 끝날 것 같다.

그런데 어쩌지… 그 이름으로부터 자유로워지면 나는 많이많이 허전하고 아플 텐데… 그럼 난 또 어쩌지…

친구가 생각나면 외로운 것이고 엄마가 생각나면 힘든 것이라고 하던데 내게 위로만 요구했던 엄마가 그래도 생각났던 걸 보면 그 시절 내가 어지간히도 힘들었나 보다. 내게도 엄마의 위로가 간절히 필요했던 것이다.

글을 쓰고 그림을 다시 보니 서글픔이 보인다. 지인들은 이 그림이 따뜻하다 하는데 사실은 빈곤과 외로움과 서글픔을 감추기 위해 밝은 빛으로 덧칠했고 아이러니하게도 억지로 만들어진 밝음과 따뜻함, 그리움에 속아 나도 제법 위로를 받았다.

긴 터널의 끝

2017년 겨울

    개인적으로 나는 이 그림을 참 좋아한다. 이 그림에는 아픔이 묻어있지 않고 오직 밝음과 선명함, 승리감 등 긍정적인 기운이 느껴져서이다. 일반적으로 정물화를 그릴 때는 빛의 방향을 고려하여 밝음과 어둠이 드러나게 그리는 것이 잘 그린 거라고 하는데 나는 형식을 무시하는 사람이라서 그냥 밝음에 초점을 두고 내키는 대로 내가 좋아하는 색을 써서 그렸다. 긴 터널을 빠져나온 후에 빛을 본 자는 빛의 소중함을 절실히 알기 때문에 이 그림을 그릴 때 난 참으로 행복했다.

    2016년과 2017년은 보이지 않는 터널 속을 질주하는 것 같았다. 한 줄기 빛도 보이지 않는 암흑 속에서 언젠가는 이 터널이 끝나리라는 막연한 믿음으로 버티고 또 버티었던 해였다.

 야무지고 다감하여 나의 위로이자 자랑이었던 작은딸이 5학년 가을에 1등을 했다고 좋아하더니 갑자기 현실감이 없고 사람들이 낯설게 느껴진다고 했다. 인터넷을 찾아보니 딸의 증세는 비현실감과 이인증이라는 병리와 대부분 일치하였다.

 지인들은 정신과 진료를 권유하였으나 내가 이끄는 수업 동아리 회원인 연로하신 선생님께서는 이 또한 사춘기의 한 증상이라고 엄마의 철학적인 면을 딸도 가지고 있어 사춘기가 그런 식으로 오는 것이라며 정신과 진료를 만류하셨다. 정신과에 가는 것이 흉이 되지 않은 세상이며 5년 후에 병원 진료 내역도 사라진다고 하나 나중에 딸이 그 사실을 기억한다는 말씀에 정신이 번쩍 들었다. 딸이 다니던 소아과 선생님께서도 영리한 아이들 중에 사춘기가 이런 식으로 오는 경우가 있으며 주의를 다른 곳으로 돌리고 그 생각에 빠지지 아니하면 증세가 사라질 것이라고 딸을 격려하시고 내게 힘을 주셨다.

 다행히 딸은 행복지수가 높고 긍정적인 아이였다. 그리고 나는 우리 딸에 대한 믿음이 있었다. 지금 정신과에 의존하면 딸은 삶의 고비에 설 때마다 그곳을 의지할 것이고 자기 힘으로 이겨내면 스스로를 믿고 이겨낼 것이다. 나 또한 그리하였으며 그러하기에 어떤 위기 속에서도 나를 신뢰하고 어려움을 이겨내며 살았으니까.

 마음을 정한 이후로 내 나름대로 음악 치료, 놀이 치료, 인지 치료를 구상하고 실천하였다. 피아노 학원선생님께 상황을 이야기한 후 딸이 좋아하는 곡만 연주하도록 하고 담임선생님께도 도움을 구했다. 우리 딸을 두고 어쩌면 그렇게 딸을 잘 키웠냐고 지인들에게 칭찬하던 분이라 적극적으로 우리 딸을 지지하고 사랑해주셨다. 물론 나 또한 퇴근 후 딸과 시간을 보내는 데 전념하였다. 딸이 좋아하는 놀이를 같이 해주고 매일 밤 예배를 드리고 감사와 확신을 주었다. 내 가슴속은 불안함과 두려움으로 타들어갈 때도 있었지만 딸 앞에서는 내색하지 않으려 노력했고 세월이 지난 지금도 딸은 그때의 나를 행복한 엄마로 기억하고 그 시절을 행복한 시절로 기억하니 감사할 따름이다.

새해가 되고 딸의 증상은 어느 날 사라진 듯하였다. 혹여 딸이 그 세계로 빠질까봐 증상의 유무를 물을 수는 없었지만 딸이 더 이상 증상을 호소하지 않는 것을 보고 나는 속으로 안도의 한숨을 쉬며 주님께 끝도 없이 감사하였다.

긴 터널을 지났다 생각하였으나 잠깐의 휴식 후 더 긴 터널이 예비되어 있었다. 본격적인 사춘기에 접어선 큰딸은 공부를 아예 놓아버렸으며 담임교사로부터 인문계 진학이 어려울 수도 있다는 연락을 받았다. 다행인 것은 항상 진지하여 우울하던 딸은 삶의 진지함을 놓아버린 탓인지 평범한 아이들이 누리는 행복을 누리게 되었다. 딸은 방탄소년단을 사모하였으며 나는 딸의 학업이 염려가 되면서도 딸이 행복해서 한편은 다행이라 생각하여 함께 방탄소년단에 입덕하였다.

큰딸이 공부를 놓은 것은 그리 큰 문제가 아니었다. 작은딸에게 다른 문제가 생겼다. 6학년이 되어 임원도 하고 즐겁게 생활하던 작은딸이 보건선생님으로부터 척추측만증이 의심된다고 정형외과에 가보라는 권유를 받았다. 딸은 서 있을 때는 인지할 수 없지만 엎어진 자세에서 한쪽 어깨가 심하게 돌출되어 있었다. 의사선생님께서는 척추측만 정도가 상당히 심하고 너무 일찍 진행되어 향후 어떤 식으로 진행될지 알 수 없으며 심한 경우 장기 손상이 있을 수도 있다고 위협에 가까운 이야기를 시니컬하게 내뱉었다.

의사선생님의 태도에 많이 화가 났지만 인터넷을 써칭하면서 척추측만의 원인이 다양하기 때문에 의사선생님 말씀이 틀린 것이 아니라는 것을 깨닫고 잠든 딸 옆에서 눈물로 베개를 적시며 방법을 구안해야 했다. 어떻게 진행될지 모르더라도 내가 하는 노력이 의미가 없을지라도 나는 자식을 위해서 최선을 다해야 하는 엄마니까.

딸을 안심시킨 후 나는 수영학원과 요가학원에 등록했고 밤마다 척추측만증에 좋은 자세를 반복시켰다. 안방 문지방에 철봉을 설치하고 지나칠 때마다 수시로 매달리게 했고 일주일에 1회씩 도수 치료를 받기 위해 정형외과에 내원했다. 의사선생님 말씀대로 내 노력이 헛된 경우의 수 때문에 불안감과 싸우기 위해 기도와 예배는 필수적으로 지속되었음은 말할 것도 없으며.

체력이 약한 딸에게 수영은 무리였는지 딸은 감기를 달고 살았다. 게다가 담임교사가 이제 막 신규 딱지를 뗀 젊은 남교사였는데 교육방식이 우리 딸과 잘 맞지 않아 많이 힘들어했다. 교육과정을 파행적으로 운영했고 진도가 늦을 경우는

분량과 관계없이 다 과제로 제시했다. 꼼꼼한 성격의 우리 딸에게는 과제 수행에 많은 시간이 소요되었고 학원보다 학교 수업에 의존했기에 요가, 수영을 병행해야 하는 상황에서 항상 시간에 쫓겨 살아야 했다. 1등을 해야 속이 시원한 딸은 뒤처지는 상황을 견딜 수 없었고 사춘기가 되어 거칠어진 친구들… 특히 남자친구들과의 관계에서 많이 힘들어했다.

오죽하면 담임교사와 면담을 했는데 담임교사는 딸이 너무 승부욕이 강하고 예쁘기도 한 것이 원인이라 하셨다. 간추려 말한 것뿐이지 나는 엄마라는 이름 때문에 어린 교사에게 말도 못하는 모욕감을 느끼면서도 하고 싶은 말을 참고 부탁의 말씀을 올릴 수밖에 없었다. 얼마 후 민원이 크게 제기되어 담임이 바뀔 수도 있다고 딸이 좋아했으나 학교 선에서 잘 마무리되었고 딸도 그 학급에서 버티는 방법을 나름대로 배워 나갔다. 하지만 버티고 참는 것은 좋은 방법이 아니었음을 훗날 알게 되었고 딸과 내게 큰 상처를 준 그 교사를 지금도 용서하기가 힘들다.

작은딸 문제로 여념이 없던 내게 큰딸이 공부를 봐줄 것을 요구했다. 그러나 4년의 수석교사 임기를 마치고 이제 막 담임교사로 그것도 모든 교사들이 회피하는 문제 학년의 부장 교사로 전향한 내게 그럴 여유는 없었다. 음악에 소질이 있는 딸이기에 전향을 권유해보기도 했으나 딸은 끝까지 인문계를 고집하였으며 형편없는 성적에도 의사에 대한 꿈을 접지 않았다.

"공부 못해도 괜찮아. 엄마 친구 중에 예쁘고 착해서 부자

한테 시집간 **이모가 지금 제일 멋지게 살고 있어. 너 음악에 재능 있으니까 음악하자." 딸에게 현실을 직시시키며 진심으로 새로운 길을 권하던 날…

"내가 듣고 싶은 말은 그 말이 아니에요. 제발 할 수 있다고 해줘요. 엄마처럼 되고 싶단 말이에요."라고 울부짖던 딸을 떠올리면 지금도 가슴이 미어진다.

나는 딸이 원하는 대로 암기과목이 전혀 안 되던 딸을 위해 고액의 과외선생님을 붙여 줬으나 딸은 그 사람에게 배우면서 오히려 자신의 한계를 깨닫고 절망했다. 그 이후 공부를 놓은 큰딸의 성적은 끝도 없이 하락했고 인문계를 끝까지 고집하는 딸을 위해 결국 내가 딸의 과외교사로 나서야 했다. 딸은 다시 공부에 관심을 가졌고 3학년 2학기 들어서 조금씩 성적이 오르기 시작하였다. 성적이 오르면 방탄소년단 콘서트에 데려가 준다고 학습 동기를 자극하였고 방탄소년단은 그 역할을 충분히 해주었다.

그 고마운 방탄소년단에 보답하기 위해 그해 겨울 우리는 방탄소년단을 응원하러 일산 컨벤션 센터에 방문했다. 흰눈이 쌓인 길을 걸으며 터널 밖의 밝은 빛을 당당하게 누리며 두 딸을 앞장세워 축제장을 향해 가던 그 길이 영화 속의 한 장면처럼 눈앞에 그려진다. 그 겨울 큰딸은 인문계에 합격했고 작은딸은 의사선생님이 무슨 비법이 있냐고 반문할 정도로 척추측만이 호전되었으며 도전과 성취를 통해 자신감과 자존감을 잃지 않고 6학년을 마쳤다. 덤으로 나는 건강과 영성을 얻었다. 작은딸과 함께 수영과 요가를 하면서 나는 몰라보게 건

강해졌고 큰딸을 위해 새벽기도에 참여하면서 주님과 더욱 가까워졌다. 앞이 보이지 않는 깜깜한 터널 속에서 내민 주님의 손을 놓지 않은 것이 결국 나를 빛으로 인도한 것이다.

그 시절 왜 집만 그렸을까

2018년 봄, 여름

 따뜻한 겨울을 보낸 후 새해에 맞이한 봄과 여름도 평안하고 감사했다. 큰딸은 집 앞의 학교를 명문고라 부르며 즐겁게 학교생활을 했다. 중학교 때 새 도시로 전학 와서 학급에서 일진인 여학생 무리들로부터 뒷담화를 들으며 간헐적으로 나타나던 대인기피 현상도 사라지고 우울했던 표정이 밝아져서 다시 예쁜 얼굴로 되돌아왔다. 공부를 잘하건 못하건 그때는 그것만으로도 감사했다. 작은딸은 중학교 들어가서도 임원이 되었고 좋은 성적에 도전하는 것마다 우수한 성취를 해내어 엄친딸로서의 역할을 톡톡히 하여 나를 자랑스럽게 하다못해 교만하게까지 하였다.
 평안했던 덕에 그해 난 참 많은 그림을 그렸는데 주로 그렸던 소재가 집이다. 어린 시절부터 난 예쁜 집을 동경했다. 어린 시절 우리 집은 김원일 씨의 소설 "마당 깊은 집"에서처럼 마당을 하나 두고 여러 가구가 함께 살았다.

그 동네의 주인인 동만이 오빠네 집은 영란이네, 상훈이네, 은아네, 막둥이네, 그리고 우리 가족이 함께 쓰던 마당 크기보다 더 큰 마당을 가지고 있었다. 그 예쁜 정원에서 아버지가 사준 다람쥐가 쳇바퀴를 돌리는 것을 귀족 같은 자태로 그윽하게 바라보던 동만이 오빠를 바라보며 그 오빠는 우리와 태생적으로 다른 부류의 사람이라 생각했기에 그 오빠가 동네 아이들과 잘 어울리지 않는 것은 내겐 지극히 당연했다. 동만이 오빠네 집에 대한 기억은 그뿐이다. 왜냐하면 우리 작은 오빠가 그 집에 텔레비전 보러 갔다가 동만이 오빠에게 내침을 받은 이후 분노한 아버지께서 바로 큰 텔레비전을 사셨고 동네 아이들은 이제 동만이 오빠 집이 아닌 우리 집으로 텔레비전을 보러 와서 더 이상 동만이네 오빠 집에 갈 일이 없었기 때문이다.

그 시절 어느 동네나 있었던 일이듯이 우리 집에서 또 텔레비전 상처를 받은 아이로 인해 그 집도 텔레비전을 구입했고 그러한 연쇄 반응이 지속적으로 일어나 사람들이 늦게까지 돌아가지 않아서 잠을 못 자던 일은 없어졌지만 여러 사람들이 우리 집에 옹기종기 모여 텔레비전을 함께 보던 자랑스러움과 쏠쏠한 재미가 사라져 아쉬웠다.

그래도 난 넓고 아름다운 동만이 오빠네 집보다 단칸방에서 모기장 치고 고양이 새끼를 한 마리씩 끼고 4형제가 같이 자던 우리 집이 더 좋았다. 방 안에는 맨날 1등만 하는 큰언니가 육영수 여사 추모 글짓기에서 받아온 최우수 트로피가 있고 언니와 오빠들이 타온 상장으로 도배가 되어 있던 우리 가정을 동네 사람들은 동만이 오빠네보다 더 부러워했다.

아직 어려서 상장을 받아오지 못했던 나였지만 동네 아이들과 함께 있을 때 야무지고 노래도 잘하는 내게 어른들이 누구 집 딸이냐고 물었을 때 "박자 *자 *자" 아버지 딸이라고 또박또박 대답했을 때 그 눈빛에 어리는 부러움과 시기를 읽어낼 수 있었다.

초등학교 입학 후 내 상장들이 벽면에 붙지 못한 것은 우리 집에 경사가 났기 때문이다. 할머니와 함께 살게 되면서 우리 집은 동만이 오빠네 집보다 더 큰 집으로 이사를 가게 되었고 그 집은 감히 상장으로 도배할 수 없을 만큼 품격 있는 집이었다. 몇 날 며칠을 잔치를 했고 수많은 사람들이 오다 가서 사람들이 다 가고 할머니 친척인 한 할머니만 언니와 내가 쓰는 큰 방에 남았을 때 갑자기 밀려드는 외로움에 난 한참을 울었다. 그때는 그것이 외로움인 줄 몰랐다. 그냥 자꾸 눈물이 났고 왜 눈물이 나는지 알 수 없었다.

부안군 서외리 3가 311-1번지, 봄이 되면 백목련과 자목련이 어우러져 핀 잔디밭에 고양이가 따스한 햇살에 혀까지 빼물고 늘어져 잠들어 있고 여름이면 앞마당에 화려한 자태를 뽐내던 봉숭아꽃, 다알리아꽃, 접시꽃, 키 큰 해바라기꽃이 앞을 다투어 피고 가을이면 뒷마당에 토마토며 까마중이 예쁘게 영글었고 마당 가득 달빛이 환하던 유년 시절의 내 추억이 어린 집.

　엄마의 병환, 아빠의 사업 실패로 인해 빚더미에 몰려 그 아름다운 집을 버려두고 지금은 고인이 된 큰오빠와 벽걸이 괘종시계를 싼 보따리를 함께 들고 새벽녘에 몰래 부모님과 야반도주를 해야만 했었다. 그리고 단칸방에서 방 두 칸 전세, 독채 전세를 거친 후 내가 성인이 된 후 한참 지나서야 아버지 성함이 당당히 새겨진 문패가 붙은 우리 집을 갖게 되었다. 내게 소중한 추억을 남겨준 아름다운 그 집을 떠난 지 15년이 지난 후였다.

　부안군 전체에서 1등을 했던 언니가 졸업식 때 졸업생 대표로 상장과 상품을 받는 자리에 아픈 엄마 대신 할머니가 단상에 함께 올라갈 때 주변 사람들은 혀를 끌끌 차며 안타까워했다. 그런 자랑스런 우리 언니가 눈물을 흘리며 교대에 갔던 것이 마음에 사무쳐 나는 결코 저 길을 걷지 않으리라 결심했으나 결국 나도 눈물을 흘리며 교대에 가고 우여곡절 끝에 임용고시에 합격하여 교사가 된 후 다른 지역에서 독립했다. 아버지 명의의 집이 생긴 것은 다음 해의 일이니 우리 집이 아니고 친정집이라고 해야 더 옳을 것이다.

　그 집엔 어린 시절 우리 형제들의 상장 대신 학사모를 쓴 사진과 언니의 자녀들부터 내 자녀들의 사진이 벽면을 가득 메우고 있다. 그곳에서 큰오빠가 하늘나라로 떠났고 친가 댁으로부터 버림받은 큰오빠의 아들을 병들고 노쇠한 우리 부모님이 키우셨다. 그리고 얼마 전 아버지마저 하늘나라로 떠나신 후 그 집은 빈집이 되었다. 슬픔과 고통스런 기억들이

가득한 집이라 어서 처분하여 마음속에서 지워버리고 싶다. 아니 그 집뿐만 아이라 야반도주 이후 거쳐왔던 그 모든 집들은 다 내가 돌아가고 싶은 집이 아니었다.

  어려운 형편에 각자도생에 바빴던 우리 형제들에게 집은 평안하고 따스한 쉼터가 아니었다. 사춘기 시절 하루가 멀다 하고 싸우는 부모님을 보면서 집에 대한 기대를 접고 밖에서 행복을 찾기로 결심했었다. 내게 집은 그냥 밥 먹고 잠자는 곳이라고 결정한 후 한결 사는 게 편해졌다. 아마 다른 내 형제들도 그러했으리라. 그래서 내 아이들에게 따스한 집을 만들어주고 싶었다. 내 마음이 닿은 탓인지 우리 아이들은 친구들 집보다 우리 집을 더 좋아하고 친구들과 함께 있는 것보다 나와 함께 있는 것을 더 좋아한다.

  성장기 시절 내게 처음이자 마지막이었던 우리 집을 아이들이 어렸을 때 함께 방문한 적이 있었다. 대문 사이로 엿본 그 집은 마당에 비싼 돌이 깔려 있고 세련되게 변해 있었지만 유년 시절의 아름다운 추억을 떠올리기에 충분했다. 억지인 줄 알면서도 남편에게 나중에 그 집을 사달라고 부탁까지 했고 다짐까지 받았다. 어린 시절 우리가 처음 가졌던 따스하고 동화 속 같던 그 집이 내 마음에 이리도 사무쳐 편집증처럼 난 집만 그려대었던가 보다.

음악과 딸, 그리고 나

2018년 겨울, 2020년 겨울

피아노… 어린 시절 나는 피아노 학원에 다니는 것이 소원이었고 대학교에 들어가서 아르바이트를 해 그 소원을 이루었다. 대학교 때 나는 피아노를 갖는 것이 소원이었고 대학교 4학년 때 아르바이트해서 번 돈을 다 털어서 그 소원을 이루었다.

교사가 된 후 덕수궁에서 열린 오르세 미술관 작품 전시회에 참여한 후 르느와르의 피아노 치는 소녀라는 그림 앞에서 전율을 느끼고 여러 가지 소원이 한꺼번에 생겼다. 몇 년이 지나 오르세 박물관에서 원작을 만나게 되면서 첫 번째 소원을 이루고 몇 년이 지나 예쁜 두 딸을 낳아서 두 번째 소원을 이루었고 그 딸들을 피아노 학원에 보내며 세 번째 소원을 이루었다. 그리고 몇 년이 지나 큰딸의 방에 "르느와르의 피아노 치는 소녀"를 걸어두며 내게 또 다른 소원이 생겼고 몇 년이 지나 그 소원을 이루었다. 그것이 바로 앞에 내가 그린 그림이다. 그러나 내 딸이 음악을 전공하게 되는 것은 내 소원 목록에 없던 정말 뜻밖의 일이었다.

큰딸이 절대음감인 것을 알게 된 것은 중학교 1학년 때였다. 어느 날 플룻으로 악보도 없이 찬송가를 연주하는 딸을 보고서야 나는 큰딸이 절대음감인 것을 알았을 뿐 큰딸이 검은 건반을 낀 네 개의 음을 동시에 들을 수 있는 신의 경지의 절대음감임을 알게 된 것은 큰딸이 피아니스트로 진로를 바꾼 고1 때였다.

큰딸은 피아노 치는 것을 좋아했다. 5학년 때 리차드 클레이더만의 내한 공연을 보고 온 후부터 큰딸은 어려운 악보들을 뽑아달라고 하면서 피아노를 즐겨 쳤다. 중학교 들어와서 공부에 대한 내 욕심으로 피아노를 잠시 멈추었으나 딸이 교우 관계에서 심한 스트레스를 받자 여름방학을 활용해 피아노 학원에 다시 딸을 보냈다. 피아노 학원에 사람이 많아지자 힘들어하는 딸을 위해 방문선생님을 집에 들였는데 그분이 우리 딸이 굉장한 음악적 재능이 있으며 머리가 뛰어나게 좋은 아이라고 하셨다. 딸의 저조한 학업 성취에 지쳐 있던 내게 반가운 말이긴 했으나 그 말을 다 믿은 것은 아니었다.

딸은 처음에는 그 선생님과 좋은 관계를 유지했으나 그분의 실력이 부족하다고 렛슨을 거부했다. 연로하셔서 피아노를 잘 다루지 못하고 음원으로 대신하는 그분의 모습이 딸에게 존경을 주지 못했기 때문이었는데 세월이 흐르고 나서야 그분의 말이 다 사실이었음을 깨닫게 되었다.

　예고에 대한 나의 제안에도 극구 공부를 고집하여 인문계에 진학한 딸은 1학기 중간고사 후 성적을 확인하고 난 후 진지하게 음악을 하겠노라 했다. 이유인즉슨 서울에 있는 대학에 가고 싶은데 공부로는 불가능할 것 같다는 것이었다. 딸이 공부에 소질과 흥미가 없다는 것을 너무 잘 알고 있는 터라 나는 딸이 마음을 바꿀까 두려워 바로 강사 섭외에 나섰다.

　지금은 제법 유명한 피아니스트가 된 딸의 피아노 선생님은 박사과정 중에 계셨고 첫 제자인 우리 딸에게 나름 애정을 가지고 열심히 지도하셨다. 딸의 재능을 알아봐 주시고 딸도 그분을 존경하여 한두 달은 나도 딸도 희망을 가지고 렛슨에 참여하고 밤에는 피아노 학원을 대여하여 열심히 피아노를 쳤다. 그러나 언제부터인가 나만 피아노를 열심히 치고 딸은 자꾸 입시와 상관없는 곡만 치려 했고 연습을 게을리했다. 결국 피아노 선생님과 갈등이 심해졌고 딸은 피아노에 점점 흥미를 잃어갔다.

　딸에게 자극을 주고 싶었던 선생님은 본인의 모교에서 열리는 전국대회 콩쿨에 딸을 내보냈고 딸은 우수한 아이들을 보면서 자극을 받기는커녕 좌절을 했다. 콩쿨이 끝나자마자 딸은 예의 진지한 모습을 보이며 자신은 피아니스트가 되고 싶지 않다고 작곡을 하고 싶다고 했다. 나는 선뜻 내키지는 않아 피아노 선생님을 바꾸어 달라는 제안만 우선 받아들이기로 했고 지인에게 소개받은 학원에 딸과 같이 방문했는데 전화를 받고 나온 사람은 부원장인 피아노 선생님이 아닌 그녀의 남편인 원장님이셨다. 작곡을 전공하신 원장선생님은 우리 딸의 절대음감을 확인하고 작곡을 권하셨고 우연찮은 상황을 우린 필연으로 생각했으며 새로 옮긴 교회에서 성가대 지휘자로 봉사하시는 원장님을 다시 뵙고 모든 것을 운명으로 받아들였다.

한동안 딸은 제법 열심을 보이며 평안한 듯하였고 하교 후 바로 학원으로 직행하는 딸로 인하여 나는 자유를 얻었다. 하지만 딸은 곧 싫증을 느끼기 시작했고 딸의 예민한 성향을 받아주기에는 책임감과 승부욕이 강한 선생님과 계속 마찰이 생겼다. 학원 창립 이래 한 번도 재수를 시켜본 적이 없다는 선생님은 고3이 되자 속된 말로 얄짤 없었고 딸은 쉽게 대학에 가기 위해 음악을 선택한 것을 자책했고 입시를 준비하는 급우들 사이에서 악보를 그리고 있는 자신의 모습에 위축되었다.

다행히 한 남학생이 딸의 마음속에 들어왔고 딸은 그 남학생에 대한 사랑을 키워가며 하루하루를 버티어 나갔다. 딸은 학원에서 돌아오면 지쳐 하다가도 그 남학생 얘기를 하면서 눈을 반짝였고 그 남자도 자기를 좋아하는 것 같다고 기뻐하다가 그 남자가 자기를 좋아하지 않는 것 같다고 슬퍼하기도 했다. 나는 딸이 이 상황을 버티어 주는 것만으로도 감사했고 학원선생님은 딸을 조이고 나는 딸을 달래는 역할을 성실히 수행했다.

학원선생님과 그 남학생의 기억이 딸에게 그렇게 큰 상처가 될 줄은 꿈에도 몰랐다. 그냥 어느 대학교든 딸이 합격만 해서 평범한 행복을 누리면 된다고 생각할 정도로 나는 너무 지쳐 있었기에 딸이 지방대이지만 음악으로는 이름이 있는 대학에 합격해서 너무 감사하고 행복했다.

  딸은 졸업식 날 그 남학생이 자신을 좋아하지 않는 것을 확인하고 크게 실망했고 안타까워했으며 자신이 들어간 대학에 대해, 아니 작곡이란 자기 전공에 대해 만족하지 못했다. 그리고 좋아하던 피아노를 그 이후로는 치지 않았다. 딸의 합격을 축하한다는 미술학원 원장님 옆에서 저 그림을 그리며 나는 많이 아프고 괴로웠다. 음악을 전공으로 정하기 전에는 딸에게 피아노는 위로였고 기쁨이었으며 사회성이 부족한 딸에게 소통의 통로였다. 딸의 방에 르느와르의 그림을 걸어둔 이유도 그 때문이었는데 이제 피아노는 우리 딸에게 지겹고 힘든 기억으로 가득 찬 물건이 되어버린 것이다.

  딸이 다시 피아노 앞에서 행복해하는 그날이 오기를 간절히 기대하는 마음과 딸의 마음을 몰라준 것에 대한 속죄함과 딸을 더 좋은 대학에 보내지 못한 것에 대한 욕심 등 복잡한 심경이 어우러져 망쳐진 그림을 부원장님이 아름답게 소생시켰으나 딸이 다시 피아노 앞에 행복한 모습으로 앉을 때까지 저 그림은 내 눈에 계속 아프게 밟힐 것이다.

나는 얼마나 예쁘게 살기를 꿈꾸었는가

2019년 겨울

    나는 보라색을 참 좋아한다. 신비하고 우아한 듯 도도한 그 빛깔이 참 좋다. 이 그림을 그릴 즈음부터 친해진 원장님도 그러한 내 성향을 아시고 내 그림의 성향을 존중하며 많이 손대지 않으신다. 원장님은 소녀가 있는 그림을 마음에 들어하셨고 프로답게 명암을 넣어주신 후 바닥에 그림을 놓고 흰 물감을 듬뿍 묻힌 붓을 털어 눈을 뿌려주셨다.

    그 작업을 하며 행복해하는 원장님을 보며 저 분 마음에도 소녀가 있음을 확인했고 그날 이후로 우린 따로 차도 마시며 친구가 되어갔다. 원장님은 내 그림의 느낌이 좋다고 하셨고 내가 추구하는 것이 예쁨이라는 것을 잘 알고 계셨다. 나는 좋아하는 보라색을 몽땅 사용하여 내가 좋아하는 집을 그렸고 원장님처럼 붓 털기를 통해 예쁘게 마무리 지었다. 나는 저 그림들이 예뻐서 너무 좋다. 신해철의 노래가 고급스러워서 좋다고 말해 급격히 좋아졌던 친한 후배가 소녀 그림을 보며 그런다. "이거 언니구나!"

"나는 얼마나 예쁘게 살기를 꿈꾸었던가?"
 중학생 때 언니의 일기장을 엿보다 뇌에 번개가 치게 한 글귀를 발견하였다. 언니의 삶을 옆에서 동경과 안타까움으로 지켜보던 나였기에 언니의 심정이 그대로 느껴져 마음이 아파서이기도 했지만 어쩌면 저렇게 내 마음을 그대로 표현할 수 있을까 싶어서였다. 그래서 나는 예쁘게 살려고 더 노력했고 언니의 질투를 받을 만큼, 아니 주변의 질투를 받을 만큼 예쁘게 살긴 했다.
 교대에 가서 신문사 기자를 하며 시국을 위해 옳은 소리를 해대고 데모하는 무리에 어울려 늦게 들어오고 거칠고 촌스러운 사람들과 어울려 지내며 술집 써빙 알바를 해서 아버지를 애태웠던 언니의 삶은 예쁘게 보이지 않았다. 신문사 편집국장이라는 남자친구를 불쑥 집으로 데려와서 어머니께서 밥상을 차려주며 밥을 세 번이나 엎었다는 넋두리를 들으며 자란 나는 일찍이 속물이 되기로 결심하였다.
 물론 8학번의 차이가 나는 시대적 배경이 내게 유리하기도 했지만 일찍이 언니 일기장이나 언니가 읽던 책을 통해 학습된 내 역시 기질과 언니의 삶의 부정적인 결과를 통해 학습된 내 속물 기질이 언니가 이루지 못한 꿈을 이루는 데 큰 도움이 되었다.

교대에 가지 않으려 버티다가 결국 잘못된 재수 생활을 통해 언니처럼 울면서 교대에 들어가긴 했지만 내가 입학할 당시의 교대는 언니 때처럼 가난한 사람들이 들어오는 곳도 아니었고 국립, 사립, 사대 통폐합으로 인해 커트라인도 많이 올라서 학급 1등 출신은 발에 밟힐 정도로 많은 곳이었다. 그리고 민주화가 급속히 진행되어 총학생회나 언론 동아리 쪽도 시국과 실리를 추구하는 두 무리로 크게 나뉘었다. 정의를 외치다 본전도 못 건지는 모습을 보고 자란 내게 시국 운운하는 모습은 결과를 모르고 날뛰는 철없는 불나방처럼 보였기에 당연히 나는 실리를 택했다. 그것도 아주 당당하게 대놓고 드러내서 선배들을 당황스럽게 만들기도 순진한 동기들에게 상처를 주기도 했다. 내가 너무 강해서 아무도 내게 들이받지 않았기에 나는 내가 상처를 주는지 그때는 알지 못했다.

나는 시국 운운하며 옷차림에 신경 쓰지 않는 동기들에게 농담반 진담반으로 교대인의 세련화를 외쳐서 동기들과 선배들에게 "세련화"라는 별명을 얻었고 옷차림도 남의 눈을 의식하지 않고 화려하고 세련되게 하고 다녔다. 교사 시절 통일 관련 글짓기 대회에 아이들 인솔 교사로 참여했을 때 그 군부대에 장교로 있던 동기가 나를 알아보며 "너 모르는 사람이 어딨냐? 그렇게 화려하게 하고 다니는데… 네 모습이 학생 신분에 맞지 않도록 화려해서 다가서기 힘들었다."라는 말을 들으며 "그랬니?"라고 어색한 웃음을 보이면서도 우쭐했다.

중산층 출신의 예쁘장한 두 명의 단짝 친구들과 어울리며 일부 친구들에게 "귀족 클럽"이란 소리까지 들을 수 있었던 이유는 언니 시대에는 불가능했던 과외라는 고급 아르바이트 덕이었다. 게다가 데모 집단에 참여하는 것보다 봉사 집단에 참여하는 것이 사회에 더 공헌하는 것이라는 신념 하에 택한 로타렉트라는 동아리에서 임원직을 맡았는데, 후원 단체인 로타리 클럽에서 제법 큰 액수의 장학금을 졸업할 때까지 지급해주었기에 내 통장에는 돈이 마를 날이 없었다.

언니가 교대에 있는 시시껄렁한 남학생들과 연애질을 했을 때 부모님의 실망과 염려 어린 모습을 보고 자란지라 나는 교대 남학생과는 얽히지 않으려 했고 자존감이 너무 높아 교대 남학생들은 남자로 보이지도 않았다. 어느 여름날 로타렉트에 방문한 한 친구가 나를 보육원 지원 단체인 외부 기독교 동아리에 영입함으로써 나는 그 동아리에서 종합대학 학생들, 주로 의대생들과 어울리게 되었다. 어차피 원치도 않는 교사가 될 것이기에 나는 봉사와 행복을 위해 내 시간을 쏟았다. 내가 예쁘게 살 수 있었던 이유는 언니보다 유리한 시대적 배경 때문만은 아니라고 본다. 내겐 언니에겐 없던 하나님이라는 든든한 백그라운드가 있었기에 나는 삶의 위기 속에서도 항상 당당하였다.

언니는 잘생기고 착하고 한약방을 하는 부유한 집안의 형부를 만나 결혼했고 나는 우리 과에서 엄선된 친구들과 음색이 곱고 피아노를 잘 치는 고등학교 시절 친구들과 축가를 불러주었다. 언니는 효자인 형부로 인해 시부모님 밑에서 살아야 할까봐 수의학과 석사과정을 마친 형부에게 경기도로 공무원 시험을 보게 한 후 함께 낯선 김포 땅으로 떠났다. 할머니를 모시며 시집살이를 하던 엄마의 삶이 망가지는 과정을 보고 자랐기에 한 선택이라는 것을 나이가 드니 알겠다. 여튼 언니는 잘못된 선택을 했고 언니의 삶은 고독하고 힘들었다.

언니와는 다른 이유로 멋지게 살고 싶어서 경기도에서 임용고시를 보고 서울 인근의 대도시로 발령을 받게 된 나는 언니네 집에서 머물러 살며 직장 생활과 독박육아를 감당해야 했던 언니의 고단하고 재미없는 삶을 보며 언니의 어리석은 선택을 속으로 안타까워했다. 삶이 만족스럽지 않은 언니는 내게 꼬인 감정을 내비칠 때가 많았고 나는 언니처럼 살지 않으리라 굳게 결심하였다.

배우고 싶은 것 다 배우고 여행도 많이 하고 내가 원하는 만남들을 용감하게 결행한 후 나는 언니가 결혼했던 나이보다 5살이 더 지나서야 형부보다 더 잘생기고 형부보다 더 착한, 가난하지만 독실한 신앙을 가진 권사 어머니 밑에서 자란 남편을 만나 결혼하였다. 언니는 시댁을 피해 상경했지만 나는 서울에서 남편을 만난 후 시댁을 찾아 낙향하였다. 독박육아에 시달리는 언니의 전철을 밟지 않으려고 아기를 키워주신다는 시댁을 찾아 내려간 것이다.

언니 덕에 현명한 선택을 한 나는 "네 년은 무슨 복이 그리 많냐?"는 소리를 들어가며 시댁의 도움을 받아 공부도 하고 여행도 자유롭게 하고 재테크를 통해 재산을 늘려가며 정말 만족스럽게 살았다. 남들보다 돋보이는 삶으로 인해 지인들과 조금 조금씩 멀어졌지만 새로운 지인들을 만나게 되니 그에 대한 외로움은 다른 식으로 보상받았다.

언니가 힘들게 장학사가 되고 교장이 되어가는 동안 나는 남들 눈에는 너무 쉽게 세 차례의 해외 연수를 가고 수석 교사가 되었다. 젊은 시절 영어 공부를 열심히 해둔 이유와 자기 연찬을 통해 커리어를 쌓은 것으로 한 선택이었는데 일부 지인들은 내가 너무 쉽게 산다고 고까운 눈으로 보았고 그런 뒷담화들은 내 지인들을 통해 다시 내 귀에 들어왔다. 마음이 아프고 속상했지만 참을 만했다. 왜냐하면 나는 정말 예쁘게 살고 있었으니까. 그리고 나는 하나님께 특별히 사랑받는 선민이며 그럴 자격이 충분히 있다고 생각했다. 내가 예쁜 짓을 하니까 하나님이 특별히 축복을 주시는 것이며 그 축복이 지속되리라 확신했다. 나는 교만해져 갔다.

큰딸이 좌뇌가 발달한 평범한 아이였다면, 엄마가 아프지 않았다면, 우리 형제들이 잘 살아서 친정을 같이 보필했다면 나의 축복도 지속되었을지 모른다. 그와 함께 나의 교만함도 지속되었을 것이다.

2019년 나는 그림을 거의 그리지 못했다. 자녀들이 안정기에 접어들자 다른 변수가 내 삶을 침범하였다. 남편이 디스크가 터져서 1년간을 집에 머물러 있어야 했다. 시술로 처리할 수 있는 부분이 아니었고 수술은 많은 리스크를 감당해야 했기에 시누가 근무하는 한방병원에서 한방치료를 했으나 완치를 예측할 수는 없었다. 거기에다 남편의 휴직 기간이 산재로 인정되어 공상처리가 될지의 여부도 확실치 않아 마이너스 통장의 잔고가 꽉 차가는 상황에서 대책 없는 긍정적인 마인드를 유지하기가 힘들었다. 친정의 상황은 더 나빠져 갔고 안식을 얻었던 교회는 크게 분열되어 담임목사님이 퇴출되었고 내가 믿고 의지하는 언니 같은 부목사님은 홀연히 교회를 떠난 후 연락을 끊었다. 나는 성경을 읽으며 기도를 하며 이 또한 지나가리라는 믿음으로 친한 후배의 말에 의하면 존버하였다.

그림을 그릴 여력이 없기도 했지만 다행히 그 즈음에 생긴 좋은 지인들로 인하여 등산모임에 참여할 수 있게 되어서 굳이 그림을 그리지 않아도 버틸 수 있었다. 그리고 결국 내 존버정신은 승리하였다. 남편을 치료하던 한의사와 한방치료를 자신 있게 권했던 시누도 울면서 미안함을 전할 정도로 상황이 안 좋던 남편이 서서히 회복되었고 남편의 산재가 인정되어 공상처리가 되면서 내 통장은 플러스로 전환하였다. 다시 나는 예쁘게 살기를 꿈꾸며 내 마음속에 사는 소녀와 내 추억속에 자리 잡은 동화 같은 그림을 그리며 그 따스함과 포근함에 흠뻑 취할 수 있었다.

나는 여전히 예쁘게 살고 싶다. 지금도 예쁜 꽃무늬 원피스를 입고 예쁜 스터디 까페에서 예쁜 꽃을 보며 차를 마신 후 예쁜 정경이 보이는 자리에 앉아 이 글을 쓰고 있다. 점심 식사를 마친 후 미술학원에 가서 그리다 만 그림을 예쁘게 마무리 지을 것이다.(지금 여름방학이다.^^) 살아가면서 불쑥불쑥 튀어나오는 고난들이 나를 엄습해오겠지만 나는 내 생명이 다할 때까지 예쁘게 살 것이다.

나는 나를 사랑한다

2020년 초봄

 먹이를 찾아 산기슭을 어슬렁거리는 하이에나를 본 적이 있는가. 짐승의 썩은 고기만을 찾아다니는 하이에나. 나는 하이에나가 아니라 표범이고 싶다… 나는 너를 사랑한다고 했다. 너도 나를 사랑한다고 했다. 나도 나를 사랑한다. 그리고 또 나는 사랑한다. 화려하면서도 쓸쓸하고 가득 찬 것 같으면서도 텅 비어 있는 내 청춘의 거리.

 고등학생 시절 "킬리만자로의 표범"이란 노래를 너무 좋아해서 나레이션까지 통째로 다 외울 정도로 반복하여 들었다. 구구절절 아름다운 나레이션 중에서도 이상하게 내게 와닿은 것은 "나도 나를 사랑한다." 이 부분이었다. 이기적인 것이 타부시되는 시절이라서 그의 당당하고 쿨한 자기애에 대한 고백이 그토록 멋있을 수가 없었다.

　대학생이 되어서 철학교수가 과제로 제시한 "에리히프롬"의 "사랑의 기술"을 읽고서도 나는 "자신을 사랑하는 사람만이 남도 사랑할 수 있다."는 말에 포커스를 두고 소감문을 제출하였었다. 나의 남다른 자기애는 일찍이 조짐을 보였던 것 같다.

　자기애가 많은 사람일수록 자기 사진을 주변에 전시한다고 그러는데 나는 다른 표현 방식으로 자기애를 드러낸 것 같다. 앞의 그림은 처음이자 마지막으로 친한 지인들과 해외여행을 떠났을 당시의 내 모습을 그린 것이다. 해외여행이야 여러 차례 가보았지만 해외연수가 아닌 해외여행을 가족이 아닌 지인들과 떠난 것은 결혼 이후 처음이었고 우리가 귀국한 후 바로 코로나 사태가 발생하였다.

　내가 제일 좋아하는 지인들과 떠난 여행이라 너무 행복했고 거울을 바라볼 때마다 스친 내 모습은 평소의 내 모습이 맞나 싶을 정도로 아름다웠다. 그곳에서 찍은 사진도 말할 것도 없기에 나는 행복한 내 모습을 그림으로 표현해두고 싶었다.

　여행을 떠나기 전 나는 사춘기로 예민함이 극도로 심해진 작은딸의 위장병과 불면증으로 인해 고초를 겪고 있었고 디스크로 인한 남편의 긴 휴직에 지쳐가고 있었다. 친정으로 인한 고통은 만성이 되어 내성이 생길 정도였으나 어머니의 상태가 더욱 나빠졌고 아버지도 치매 초기 증상을 보여 이틀에 한 번꼴로 친정에 어머니를 모시고 병원에 들러야 했다. 45킬로그램인 내가 80킬로그램이 넘는 거동 불편한 (그리고 입만

열면 언니, 오빠, 새언니에 대해 불평과 저주를 퍼부어대는) 어머니를 모시고 병원을 오가는 일은 조카의 도움이 아니면 불가능했기에 나는 용돈까지 주어가며 조카의 눈치 아닌 눈치까지 보아야 했다.

  여튼 그렇게 좋지 않은 상황에서도 나는 여행을 포기하지 않았고 그것은 현명한 선택이었다. 나는 충전이 필요했다. 내 사정을 대충 알고 있는 지인들은 나를 정말 극진히 배려해주었다. 예민한 내가 깰까봐 새벽에 화장실에 갈 때도 발뒤꿈치를 들고 다녔다고 해서 나를 감동시켰고 아침형 인간인 그들과 다른 저녁형 인간인 나로 인한 불편함을 말없이 감수해주었기에 나는 그들과 여행이 만들어준 로뎀나무 아래에서 먹고 쉬며 지친 내 심신을 회복했다.

  나는 그들이 자기애가 강해서 참 좋다. 할 말을 할 줄 아는 사람들이라 좋고 자기 것을 챙길 줄 알고 자기 삶을 소중히 여기며 끊임없이 도전하는 사람들이라 좋다. 우리는 같은 학교에 근무했으며 학교에서 중책을 맡고 있었다. 자기 주장이 강하다 보니 관리자들과 부딪힘이 있었고 어린 교사들로부터 들려오는 그들의 평이 좋지 않을 때도 있어서 같이 근무할 때는 서로 거리를 두기도 했으나 사회성이 너무 좋은 소** 언니를 중심에 두고 간혹 모이곤 했다. 가까이서 지켜본 그들은 나와 비슷했다. 우리들이 큰소리를 내며 관리자들과 부딪힌 이유는 우리의 이익이 아닌 어린 교사들의 입장을 대변하기 위한 것이었는데 상급자에 대한 복종을 예의처럼 여기는 모범생 기질의 어린 교사들은 우리들이 고마우면서도 너무하다 생각하는 것이었다. 내게 그들을 좋지 않게 얘기하는 선생님들도 뒤에서 또 다른 이들에게 내 얘기를 그렇게 전할 수도 있겠다 싶었다.

  50에 가까운 나이였지만 모두들 영어 회화 능력이 우수하고 해외여행 경험이 많았기에 우리 스스로 계획한 여행은 자유롭고 우아하고 풍요로웠다. 자유 해외여행 경험이 많은 소** 언니는 적절한 비용으로 고급진 숙소와 이동 수단을 예비했고 합리적이고 꼼꼼한 한**은 여행의 소소한 묘미를 놓치지 않았고 나와 달리 병환 중인 어머니의 곁을 지키기로 결정한 김**은 여행 경비를 돌려받지 않으려 했고 자신이 맡은 일정에 대해 끝까지 책임을 다했다. 정신없이 떠나온 나는 내 일정을 제대로 준비하지 못했지만 타고난 운과 기지를 발휘해서 내 몫을 해냈다. 젊은 날부터 익혀온 영어 실력이 큰 역할을 한 것은 말할 것도 없고. ^^

  우리들은 스스로를 운이 좋은 자들이라 생각한다. 물론 나처럼 그들도 이른 나이에 형제를 잃기도 하고 남편과 시댁의 도움 없는 독박육아를 위해 7년 동안 휴직을 하기도 하고 살면서 만나는 나쁜 인연으로 고통받을 때도 있긴 하지만 그 고난이 지나갈 때까지 자신에게 즐거움을 주는 무엇인가를 통해 에너지를 얻으며 행복을 만들며 산다. 우리들은 자신을 완전히 포기하면서까지 희생을 감수하지 않기에 스스로를 착하다고 표현하지는 않지만 우리의 에너지를 스스로 지킬 줄 알며 스스로 착하다고 신데렐라 증후군에 도취하며 찌그러진 삶을 살아가는 자들 이상으로 남을 배려하고 베풀 줄 안다.

그리고 무엇보다 좋은 선택을 할 줄 안다. 우리가 택한 무한 공항은 신의 한 수였다. 중국인들과 마주치지 않는 경로였고 우리는 바로 코로나 직전에 안전하고 행복하게 해외여행을 마친 운이 좋은 사람들 중에 하나가 되었다.

오늘 아침 단톡방을 통해 그들과의 만남이 정해졌다. 아무 일도 일어나지 않을 것처럼 평안해 보이는 한** 교사가 불시에 둘도 없는 오빠를 잃어서 우리 아버지 장례식 이후로 넷이 다 같이 모인 적이 없었는데 이제 그녀도 어느 정도 안정을 찾은 것 같다. 넷 중에 셋이 오빠를 떠나보냈고 자녀를 위해 자신의 모든 것을 바쳤던 나머지 한 명은 자녀들로 인해 큰 고통을 겪고 있다. 우리에게 아픔이 없는 것은 아니지만 우리는 만나서 자신의 아픔을 얘기하면서 시간을 보내지 않는다. 서로의 아픔을 공감하지만 대놓고 드러내지 않는 것이 상대에 대한 배려라 생각하는 나와 닮은 꼴인 그들과의 만남은 이번에도 즐겁고 기대되는 대화들로 가득 찰 것이다.

에필로그

나는 그 여름 그들을 만나지 못했다. 코로나에 걸려 격리가 되었고 격리가 끝날 무렵 개학을 해서 겨울방학이 될 때까지 글을 쓰지 못했다. 그해 늦가을에서야 만나게 된 그들의 모습에서 그들 또한 나처럼 삶의 격동을 이겨내느라 피로한 기색이 역력히 보였다. 우리의 얘기는 겉돌았고 오랜만의 만남에 어색함도 돌았다. 고난은 누구에게나 예외가 없다. 그러나 그 안에서 좌절하는 자가 있고 묵묵히 견디는 자가 있고 그 안에서도 성취해내는 자가 있다. 김**은 병휴직을 낼 정도로 힘든 상황이었지만 3번의 도전 끝에 공인중개사 자격 시험에 합격했다. 나머지 두 사람도 삶에 밀리지 않게 분투 중인 것을 말하지 않아도 알 수 있었다.

내 마음속의 아이

2020년 봄, 여름

"선생님, 그림의 장르가 바뀌었대요. 훨씬 좋던데요." 내 유일한 남사친인 김*의 말이 참으로 반가웠다. 그림이 완성될 때마다 카톡 프로필에 올리기 때문에 내 절친들은 내 그림을 통해 나를 엿본다. 그걸 알아봐 줘서 참 좋았던 것 같다.

예쁘고 화려한 그림을 좋아했던 나였는데 이때는 그런 그림들이 들어오지 않았고 시골 풍경 그림만 찾게 되었다. 아마도 내가 늙고 기력이 쇠하여 유년 시절이 그리웠던 모양이다.

코로나가 터진 후 나는 독한 감기에 걸렸고 코로나일지도 모른다는 두려움 때문인지 쉬 낫지 않았다. 감기는 축농증에 이어 후비루염으로 이어져 한 달간 통원 치료를 받아야 했고 역류성 식도염까지 생겨 등산으로 겨우 만들어진 근육이 다

빠져 버렸고 한약을 먹어도 쉽게 기운이 돌아오지 않았다.

　새로 옮긴 소규모 학교는 나와 맞지 않았고 코로나로 인한 온라인 수업 준비로 나름 유능한 교사라고 자부했던 나는 자존심과 자존감에 큰 상처를 입게 되었다. 정말 나는 그때 힘없는 노인이 되었던 것 같다.

　작은 학교라 큰 학교와 시스템이 달라서 잔업무가 많았고 코로나로 인해 교육과정 및 학사 일정은 수시로 바뀌었으며 어린 선생님들이 많다 보니 함께 마음을 나눌 동료가 없어 외로웠다. 게다가 근 이십 년 만에 저학년을 맡게 되어 교육과정이 낯설었고 동학년이 없다 보니 1학년 젊은 선생님에게 문의해야 했으나 그 선생님 성향이 친절한 성격이 아니다 보니 본의 아니게 내게 많은 상처를 주었다. 그 선생님 탓이라기보다 교직 생활하면서 남에게 아쉬운 소리 안 하고 살았고 어린 선생님들에게 대접받는 것에 익숙해 있었던 내 탓도 있을 것이다. 그 전까지는 내가 가진 다른 능력으로 어린 선생님들과 상부상조할 수 있었는데 이 학교에서 나는 모든 것에 도움이 필요했고 내가 도움을 줄 수 있는 것이란 친절함과 겸손뿐이었기에 나답게 살지 못하는 것이 비루하게만 느껴졌다. 그리고 동년배가 없어서 많이 외로웠다.

　가정에서도 상황은 녹록지 못했다. 코로나로 인해 식사도 자급해야 하는 상황에서 외식과 매식에 많이 의존하던 나는 건강까지 약해진지라 가정생활에서도 무능함을 느껴야 했다. 갱년기 증세까지 더해져 내 피부는 탄력을 잃어갔고 내 두뇌는 총기를 잃어갔기에 내 삶은 사는 게 아니라 버티는 것에 가까웠다.

    코로나는 섬세한 우리 아이들에게도 부정적인 영향을 미쳤다. 중3이 되어서 실장이 된 딸은 점심 시간에 마스크 예절을 지키지 않는 아이들을 제지하지 못하는 것에 자책감을 느꼈고 디스크로 집에서 휴직 중인 남편과 병약해진 나의 예민함으로 학원을 가지 못하게 되어 성적도 떨어져서 자신감을 상실해 가고 있었다. 딸은 학교생활을 힘들어했고 학교에 가기 전날엔 불면증에 시달렸다. 나는 그런 딸을 달래며 재우느라 함께 잠을 이루지 못했기에 역류성 식도염은 만성이 되어버렸다.

    돌아보면 코로나에 대한 지나친 두려움으로 인하여 나는 나쁜 선택을 했던 것 같다. 나뿐만이 아니라 많은 사람들의 삶이 침체되었지만 그 상황 속에서도 내 주변의 긍정적인 기운을 가진 사람들은 끊임없이 도전했다. 왜 나는 그때 "이 상황 속에서는 살아남기만 하는 것도 잘하는 거야."라고 생각할 정도로 부정적인 사람이 되어버렸을까. 나는 모든 도전을 멈추었고 그것이 내 아이들에게도 부정적인 영향을 미쳤던 것 같다. 내가 아팠고 딸아이가 하필 그런 상황과 그런 학급에서 실장을 했고 하필이면 코로나 시국이어서 내겐 선택의 여지가 없었노라고 우기며 살아왔지만 이 글을 쓰며 두려움으로 인해 도전을 멈춘 나와 내 자녀들의 잘못된 선택이 먼 길을 돌아오게 했다는 것을 깨닫는다.

    코로나로 인해 사람들과의 만남도 자유롭지 못한 상황에서 내가 세상과 교통할 수 있는 방법 또한 그림이었다. 그 시절은 토요일 오전에 미술학원에 가는 것이 내 가장 큰 기쁨이었다. 원장님이 그 시절 나를 그리 반겨 맞으신 것도 나와 같은 심경이지 않을까 싶다. 그때 정도의 차이가 있을 뿐 우리 모두 외롭고 두려웠으니까.

 원장님이 정성껏 타주시는 꽃차도 달갑지 않을 정도로 마스크 벗는 것이 두려웠던 시절이다. 원장님이 학원 밖에서 만나자고 했을 때도 두려움 때문에 함께 식사하는 것은 엄두도 못 내고 산책 후 커피숍 야외석에서 마스크를 쓴 채 대화를 나누었다. 서울에 있는 대학원으로 주말마다 공부하러 가는 원장님이 실은 두려웠다. 확진자가 많은 서울에 수시로 오가고 항상 아이들을 대하며 가끔 마스크도 용감히 벗는 원장님이었으니 내 입장에서는 당연한 것이었고 원장님은 그런 내게 맞춰주신 것이었다. 원장님은 그 상황에서도 자신의 꿈을 이루기 위해 그리고 자신의 직업을 지키기 위해 분투하는 용감한 사람이었다. 그런 원장님이 한편 부러웠다. 그녀의 육중한 몸과 튼튼한 팔목마저 부러울 정도로 나는 나약했고 의기소침해 있었다.

 꽃이 만개한 숲의 봄처녀를 그리며 설레임으로 봄을 맞았던 나는 장기화된 코로나에 대한 두려움으로 아이가 되어버렸다. 그림 속에서 나는 모든 두려움을 떨쳐버리고 고향집 새암에서 등목을 하고 강아지를 데리고서 메리야스 바람의 오빠랑 잠자리채를 들고서 수박밭을 지난다.

 지금은 고인이 된 착하고 병약했던 내 오빠는 눈이 참 컸었다. 가을철이면 상수리나무를 흔들어서 그 많은 상수리를 떨

구어 나를 행복하게 해주었던 우리 오빠가 그리워서 감나무 서리를 하는 모습이 그리도 그리고 싶었나 보다. 등치만 크고 찍소 같은 듬직한 작은오빠의 등을 타고 연약한 큰오빠가 교모를 쓰고 사랑하는 막냇동생의 치마에 감을 떨어뜨려 주는 장면이 어쩌면 그리도 우리 형제 같은지. 중학교 교모를 끝으로 더 이상 교모를 쓸 수 없었던 우리 오빠의 아픈 삶이 떠올라 살짝 슬퍼지다가 방 문에 기댄 병약한 노인이 어머니 뒷수발을 하다가 병들어 돌아가신 우리 아버지를 닮아 통곡하고 싶어진다.

비 오는 날의 수채화

2021년 봄, 2021년 가을

    소녀 시절에는 비가 오면 우울했다. 그냥 그 시절 무딘 사람이 아니면 누구나가 가지는 사춘기적 감성에 의한 것이기도 했으나 어느 날은 눈물이 멈추지 않아 착한 친구들을 고민하게 했다. 숙자, 훈아, 미라… 외로움을 달래주던 그 친구들은 어디에서 무엇을 하고 있을까?

    청춘 시절에는 비가 오면 외로웠다. 만남과 헤어짐이 잦은 청춘이었기에 때론 떠나간 연인이 그리워서 때론 끊어진 인연이 서러워서 때론 영원히 함께할 내 인연은 세상에 없는 것 같아서 서글펐다.

    가정을 이루고서는 더 이상 비가 오면 우울하지도 외롭지도 않았으나 밖에 나가서 마음껏 돌아다닐 수 없어서 아쉬웠다. 에너지가 넘쳐서이기도 했지만 아이들과 집에서 놀아주는 것이 너무 힘들어서 비 오는 날은 여전히 달갑지 않았다.

　중년이 넘어서고 아이들이 혼자 노는 것이 가능하면서 비 오는 날은 내게 낭만을 불러일으키는 특별한 날이 되었다. 소녀 시절의 우울함도 청춘 시절의 외로움도 삼십 대의 아쉬움도 다 아름다운 추억이 되어 커피 한 잔에 녹아내렸다. 비 오는 날 추억이 담긴 노래를 들으며 마시는 따뜻한 차 한 잔의 여유는 삶의 힘든 굽이굽이를 넘어선 중년의 선물이라고 생각한다. 비 오는 날 마시는 커피는 더욱 따뜻하고 달콤하다. 특별한 대상이 아닌 누군가를 향한 막연한 그리움과 설레임이 일어나는 낭만적인 커피는 비가 선사하는 특별 메뉴이다.

　비는 자연 속에 내려앉은 미세먼지를 제거하여 청명한 자연을 우리에게 선사하듯이 비가 지나간 내 추억은 청명하게 반짝인다. 비가 부리는 마법은 이루지 못한 사랑도 이루지 못한 꿈도 그 자체로 아름답고 의미를 갖게 한다.

　친정과 자녀 문제로 힘든 나날을 보내고 있던 봄날 그렸던 비 그림은 이루지 못한 사랑과 꿈을 그렸고 자녀들이 안정을 찾은 가을날 그린 비 그림은 이루고 싶은 사랑과 꿈을 그렸다. 그리고, 그림을 그리며 난 참 행복했다.

　빨간 우산을 쓰고 보랏빛 옷을 입은 어정쩡한 뒷모습은 내 모습 같다. 앞에 걸어가는 다정한 연인들을 바라보며 그들의 평범한 사랑과 평범치 못한 내 사랑을 비교하며 서글픈 미소를 짓고 있을 것이다. 젊은 시절 나는 어려운 사랑만을 반복했지만 나는 그런 내 사랑이 특별하고 소중하였기에 서글프지만 미소 지을 수 있었다. 어려운 내 사랑은 나를 그림 속의 그녀처럼 홀로 있게 할 때가 많았지만 내 사랑의 빛은 나를 외롭게 하지 않았다. 비 오는 날 홀로 우산을 쓰고 가더라도 불빛과 어우러진 화려한 빗물처럼 내 마음은 환하고 포근했다. 그 시절의 내 마음을 아주 잘 표현한 노래 가사가 있다.

> 돌아온다는 너의 약속 그것만으로 살 수 있어~
> 가슴속 깊이 타오르는 그리움만으로~
> 아주 늦어도 상관없어~ 너의 자리를 비워둘게~
> 그때 돌아와 나를 안아줘~~

내 가을이 여유가 있고 조금은 풍요로워진 이유는 몇 명의 좋은 인연이 생겼기 때문이기도 했지만 내게 새로운 희망이 생겼기 때문이었다. 대학교에 들어가서 학교생활에 만족하지 못했던 딸은 여름방학 무렵 좋은 스승을 만났고 우리 딸의 재능을 알아보신 그분은 입시에 재도전할 것을 권유하셨다. 우리 딸의 성향을 잘 알고 있는 나였기에 큰 기대는 없었지만 우선은 무기력하기만 하던 딸이 희망을 가지고 도전하는 모습만으로도 숨통이 트이는 것만 같았다.

드라마 도깨비의 주인공들을 모티브로 그린 그림이었는데 지금 보니 꼭 우리 딸과 그 교수님 같다. 정말 그 교수님은 도깨비처럼 우리들의 삶에 나타나서 우리에게 꿈과 희망을 선사했다. 결과가 어떻든 사람이 꿈을 가지고 살아가는 것만큼 가치 있는 것이 있을까? 자신을 믿어주고 인정해주는 도깨비처럼 크고 힘 있는 사람이 옆에 있다는 것은 그것만으로도 큰 축복이기에 우리들의 가을은 행복했다. 언젠가는 우리 딸에게도 저 그림 속의 남자처럼 듬직하고 멋진 모습으로 막막한 그 삶에 튼튼한 우산을 씌워줄 멋진 사랑을 하나님께서 보내주시리라 굳게 믿는다.

"인간의 간절함은 못 여는 문이 없다."는 드라마 대사처럼 나의 간절한 기도와 우리의 딸의 의지가 물 준 씨를 수확하는 생으로 딸의 운명을 바꿀 것이다.

흐르는 강물처럼

2021년 가을

"이 남자는 누구야?"

그 시절 친하게 지냈던 목사님이 물으셨다. 그분이 누구를 염두에 두고 하는 질문인지 알고 있었지만 그를 생각하며 그린 그림은 아니었다. 가을 풍경을 그리고 싶어 인터넷을 써칭하다가 마음에 드는 그림을 만났을 뿐이었다. 그러고 보니 내 그림에 남자가 단독으로 등장한 것은 처음 일이니 내 그림을 사랑하셨던 그분의 질문은 당연한 것이었다. 한때는 언니 같고 엄마 같던 분이었는데 이제 나는 더 이상 그분을 보지 않는다. 그리고 더 이상 그분의 부재가 그리 아프지 않다.

큰딸은 1학년 2학기를 휴학하고 그분이 부목사로 목회하는 교회에서 일주일에 두 번씩 렛슨을 받았다. 큰딸은 기대에 부

풀어 한동안 열심을 발휘했고 1학기를 힘들게 버티었던 내게는 새 희망이 생겨서 좋았다.

그해 1학기는 내 삶이 총체적 난국이었다. 친정은 여전히 나를 힘들게 했고 내가 맡은 학급은 내 교직 경력 중 가장 힘든 학급이었다. 병휴직이 끝난 남편은 위도로 발령이 나서 집에 있는 시간보다 위도에 있는 시간이 더 많아서 집안일은 전적으로 내 몫이 되었다. 어렵게 음대에 입학한 딸은 음악을 관두고 전과를 하겠다고 협박에 가까운 소리를 했으며 내 자랑이자 희망이었던 작은딸은 질풍노도의 시기를 보내고 있었다. 항상 밝고 내게 위로를 주었던 작은딸의 의기소침한 모습에 나는 피가 마르는 것만 같았다.

실장을 하느라 중3을 힘들게 보낸 작은딸은 선행학습을 하지 못한 탓에 상위권이 넘사벽이라는 고등학교의 첫 시험에서 쓴맛을 보고 거의 멘탈이 나갔고 나 또한 한동안은 그러했다. 섬세한 성향의 작은딸은 정체성의 혼란까지 겪어서 나는 딸의 요청대로 우리 도시에서 제일 잘 나간다는 상담사와 연결해주었으나 딸은 본질을 찾지 못하는 상담사를 신뢰하지 않았다.

마음을 다스리기 위해 정여울의 "그림자 여행"을 읽다가 그녀가 고등학생 시절 방황할 때 어머니께서 주선해준 큰스님과의 만남이 그녀의 방황에 종지부를 찍게 했다는 내용을 읽었다. 순간 스님도 하시는 일이니 목사님도 하실 수 있겠구나 싶어서 나와 남편의 결혼식 주례를 서주셨던 원로목사님께 딸을 데려다주었다.

은퇴 후 산 밑에 전원주택을 짓고 과실수를 가꾸며 사시는 연로하신 두 분 내외는 우리를 반겨 맞으셨고 딸은 목사님의 진심 어린 말씀을 몇 마디 듣자마자 눈에 눈물을 글썽이기 시작했다. 그리고 정여울처럼 우리 딸의 방황도 종지부를 찍었다. 나의 눈물 어린 기도를 주님이 들으셨는지 딸에게 썸남과 단짝 친구가 생겼다. 여자 중에서 전교 1등이라는 그 친구는 우리 딸과 죽이 잘 맞아서 딸은 학교생활을 즐거워했고 썸남도 모범생이고 대인배스러워서 감사할 따름이었다.
　작은딸이 그리 안정되나 싶어 한숨 돌리려 했더니 큰딸의 문제가 도드라졌다. 전공실기 교수님이 너무 힘들게 하고 자신은 작곡과 맞지 않는 것 같다고 전과를 하겠다고 가끔 투덜거리면서도 해야 할 일은 하는 것 같아서 나름 기특하게 생각했는데 여름방학이 되자 딸은 심각하게 전과를 얘기하며 자기 방에 들어가 밥 먹을 때만 제외하고는 두문불출하며 잠재되어 있는 대인기피와 우울증세가 심해져 갔다.
　속이 타들어가며 기도하던 중에 만난 분이 도깨비 교수님이었고 딸의 얼굴에는 다시 생기와 웃음이 돌아왔다. 딸의 양육과정에서 겪은 나의 아픔을 가슴으로 들어주던 그분은 내게도 도깨비와 같았다.
　특별히 눈에 띄는 발전은 없었지만 내 삶이 잔잔해진 것만으로도 참으로 감사했다. 모범생이었던 작은딸은 평범한 성적을 가진 평범한 학생이 되었지만 학교생활의 소소한 즐거움을 느낄 줄 알게 되었고 작심삼일의 성향을 가진 큰딸의 반수 결과는 미지수였지만 그래도 포기하지 않고 도전하며 딸의 재능을 인정해주고 진심으로 딸의 앞날을 염려해주는 좋은 스승을 만났으니 내 짐이 한결 가벼워졌다.

영화 "흐르는 강물처럼"에서 브래드피트가 자신의 고향 강가에서 평안하게 낚시를 즐기는 것처럼 내 인생도 잠시 흐르는 강물처럼 평안하게 쉬어가는 중이었다. 유유히 낚시를 즐기는 저 남자는 바로 내가 아니었을까?

단풍이 꽃보다도 아름다운 계절 그 가을의 내 모습은 참 아름다웠다. 말썽꾸러기 우리 반 아이들은 가을에 들어서면서 눈에 띄게 나를 좋아하기 시작했는데 그 이유가 내가 예뻐서라고 했다. 교사에게 그것은 사랑의 고백과 같은 것이다. 40이 넘어서면서 아이들은 나를 존경해주긴 했지만 사랑해주지는 않았다. 그런데 50이 넘어서 내가 그 무조건적인 사랑을 다시 받게 되었으니 그 가을은 내게 축복과 같은 것이었다.

사랑에 빠지면 예뻐진다고 하는데 나는 가을과 사랑에 빠진 것이었을까? 불확실한 꿈과 사랑에 빠진 것이었을까?

꿈 속에서

2021년 겨울

 어린 시절 나는 약간의 불면이 있었다. 우리 동네 뒷산에 있는 묘지들을 떠올리며 죽음이 떠올라서 한없이 슬펐던 적도 있었다. 초등학생이 되면서부터는 상상력이 풍부해지면서 불면의 밤은 더 이상 나를 괴롭히지 않았다. 척추수술 후 상반신을 공고리(기브스)하고 누워 계신 엄마의 대소변을 치우고 떼쓰는 것은 진작에 포기해야 했던 현실의 내 모습이 아닌 부잣집에서 예쁜 옷을 입고 행복한 유년을 보내는 내 모습을 상상하다 보면 시간 가는 줄 모르다가 까무룩 잠이 들곤 했다.

 이 그림을 그리며 나는 참 행복했다. 나는 이런 어린 시절을 보내고 싶었다. 내가 그림 속에서처럼 예쁜 집에서 예쁜 옷을 입고 예쁜 강아지를 데리고 살았다면 더 예쁘고 아름답게 살 수 있었으리라 믿었기에 내 아이들에게 이렇게 꿈 속처럼 아름다운 어린 시절을 보낼 수 있도록 많은 노력을 했다. 예쁜 것만 보여주고 예쁜 말만 들려주고 예쁜 생각만 하고 예쁜 꿈을 꾸며 살면 평생 동화 속처럼 아름답게 살 수 있으리라 믿었다.

그런데 아이들을 키우며 내가 잘못 생각했다는 것을 알았다. 예쁘지 못한 환경에서 예쁘게 살고자 기를 쓰고 한 내 노력이 나를 얼마나 강하고 단단하게 만들었는지 그리고 그 안에서 내가 누구도 흉내낼 수 없는 독특한 아름다움을 갖게 되었다는 것을 깨닫게 되었다. 나보다 더 예쁘고 더 착하고 섬세하고 나보다 훨씬 예쁜 환경에서 자란 내 아이들에게 부족한 것이 바로 내가 가진 그 내성이었다. 그리고 그 내성을 다지기 위해 하늘은 내 아이들에게 억울하고 분한 상황을 이겨내도록 훈련시키고 있다는 것을 인정하지 않을 수 없었다. 고통은 큰 재산이고 고통 없이 얻어지는 것은 없다는 것을…

이 그림을 그리면서 나는 상상 속으로 도피했던 것 같다. 늦가을에 접어들며 어머니는 당뇨발과 허리 골절로 병원에 입원해야 했고 치매 증세가 있으신 아버지는 홀로 빈 집을 지켜야 했기에 나는 병원과 친정집을 오가며 정신없는 나날들을 보내야 했다. 나 슬퍼도 살아야 했고 슬퍼서 살아야 했다.

큰딸이 서울에서 수시 실기를 치루고 난 후 마로니에 공원에서 만난 팬플룻 연주는 지금도 잊을 수 없다. 조수미의 나 가거든… 리즈 시절의 내가 솜리 예술회관에서 드레스를 입고 플롯으로 연주했던 그 우아한 곡이 아닌 가슴을 후벼 파는 연주를 난 눈물도 흘리지 않고 감상했다. 아버지와 어머니를 요양병원에 입소시킨 그날 나는 그 노래를 부르며 마음을 달랬다.

나 슬퍼도 살아야 하네~
나 슬퍼서 살아야 하네~
이 삶이 다 가고 나면 알 텐데~
내가 이 세상을 살아가야 하는 이유~

이 삶이 다 가지 않았기에 나는 아직도 내가 이렇게 살아가는 이유를 모르고 있다. 나는 그저 삶을 유지하기 위해 마약처럼 행복이 필요했다. 저 그림을 그리며 나는 행복했고 큰딸의 입시를 위해 상경하면서 옛 추억에 빠져 행복했다. 내 딸이 기적처럼 인서울하리라는 기대에 행복했다.

나는 비참한 현실을 잊고 싶었기에 미친년처럼 노래를 부르고 예쁜 그림을 그리고 예쁜 옷을 입고 예쁘게 웃으며 내 아름다움을 칭송하는 아이들과 돌봄선생님들로 인해 행복해했다.

나는 병들어 죽어가는 내 노모를 더 이상 어떻게 할 수 없었기에, 입시를 통해 자신의 한계를 깨달으며 무기력해지는 큰딸을 내 힘으로 어떻게 할 수 없었기에 상상 속에서 꿈을 꾸며 하루하루를 버티었다. 우습게도 그래도 난 행복했다. 가난한 어린 시절 상상의 나래를 펴며 행복했던 어린 시절처럼 나는 저 그림을 그리며 참으로 행복했다. 난 그런 나를 결코 반성하고 싶지 않다. 아니 그랬으면 나는 그 시절을 살아내지 못했다.

빈집… 빛으로 채우다.
그리고… 그래도 나의 하나님

2022년 1월

　내가 좋아하는 예쁜 저택 위에 내가 사랑하는 눈이 소담스럽게 내렸다. 그 저택 앞에는 내가 좋아하는 빨간색 목도리를 하고 보라색 모자를 쓴 귀여운 눈사람도 있다. 석양이 물드는 저녁 무렵 사람들은 성대한 저녁 식사를 위해 집 안으로 들어가서 흥겨운 시간을 보낼 성싶은 따뜻하고 정겨운 그림이다. 사람은 보이지 않지만 창가에 비치는 따스한 불빛이 그들이 얼마나 풍요롭고 알찬 시간을 보내는지를 대변하는 것만 같다.

　현실은 달랐다. 저 아름다운 집에 갑자기 애사가 생겼다. 집 안에서 파티 준비를 하던 어른들도, 마당에서 신나게 눈사람을 만들던 아이들도 하던 일을 멈추고 사건 현장으로 달려갔다. 부디 그들이 상상하는 비극적인 결말이 없기를 간절히 하나님께 기도하면서…

　해가 바뀌었고 겨울은 더욱 깊어졌다. 내 삶에도 혹독한 겨울이 지속되었다. 요양병원에 입소한 어머니는 섬망 증세로 난동을 부려 수시로 내게 전화가 왔고 아버지의 건강은 계속 나빠졌다. 아버지를 외래 병원에 모시고 갈 때마다 치매 증세가 심해지시는 모습을 보면서 가슴이 찢어지는 듯했다. 아버지가 나를 못 알아보시던 날 나는 엉엉 울면서 언니에게 전화를 했으나 대수롭지 않게 이야기하는 언니로 인해 나는 지독히 외로웠다. 언니도 오빠도 멀리 산다고, 사는 게 여유롭지 못하다고 모든 것을 나에게 미루었다. 힘든 것보다 외로운 것이 더욱 서러웠다.
　그 와중에 딸의 입시를 위해 세 번이나 상경을 해야 했고 나는 기억상실증 환자처럼 그날들에 대한 기억이 희미하다. 딸은 입시 준비를 열심히 하지 않았음에도 끝까지 인서울만 고집했다. 딸이 합격하리라는 기대도 어머니 아버지가 좋아지시리라는 기대도 없었지만 나는 내가 할 수 있는 것이 달리 없었기에 서울과 요양병원을 습관적으로 오갔다. 지독하게 외롭고 처절했던 날들이었다.
　나를 제일 괴롭히는 것은 텅 빈 친정집을 오가는 것이었다. 부모님의 물건을 챙기거나 집 안 정리로 인해 친정집을 들를 때마다 나는 공포에 가까운 서글픔과 황망함을 느껴야만

했다.

 그 서글픔과 황망함이 싫어 시간을 쪼개 그림을 그렸고 더욱 밝고 환한 색을 사용해 내 마음속의 서러움과 어두움을 몰아냈다. 그림 속의 저 집이 텅 빈 내 친정집 같아 빛으로 가득가득 채웠다. 그리고 기도했다. 나의 하나님께… 답이 보이지 않았지만 그래도 기도했다. 나의 하나님께…

 아버지가 돌아가시기 전날 원로목사님 사모님께 전화를 드렸다. 중환자실에서 고통받는 아버지를 보는 것이 너무 괴롭다는 내게 사모님은 그래도 나는 최선을 다할 수 있었으니 부럽다고 하셨다. 자신은 부모님께서 극구 치료를 원하지 않으셔서 아무 것도 하지 못했던 것이 한이 된다고. "우리 아버지 천국에 가실까요?" 목 놓아 우는 내게 사모님은 "그럼, 정신 온전하실 때 하나님 믿는다고 시인하셨으면 천국 가시는 거지."라고 달래며 함께 우셨다.

 아버지의 삶은 외롭고 고달팠지만 아버지의 장례식은 따뜻하고 순조로웠다. 원로목사님 내외께서 제일 먼저 도착하셔서 기도해주시고 장례 절차를 도와주셨다. 인간 관계가 좋은 남편으로 인해 남편이 도착하기도 전에 수십 개의 화환과 함께 지인들이 도착했고 그 북적거림이 위로가 되었다. 코로나로 인해 연락을 하지 못하고 살았던 내 친구들과 지인들이 먼 길을 순식간에 달려와 주어서 상을 치루는 것이 아닌 잔치를 치루는 것 같은 느낌이 들기도 했다. 경사보다 애사에 많은 사람이 있어야 한다는 옛말이 이유가 있음을 알았다.

아버지를 산에 모시고 온 날 예쁘게 눈이 내렸다. 나는 우리 아버지가 천국에 가셨음을 확신한다. 아버지 묘지 앞에서 절을 올리는 우리 형제들과 장성한 자녀들을 보면서 우리 아버지께서 정말 가치 있고 의미 있는 삶을 사셨다는 것을 알았다. 아버지께서 희생하지 않으셨다면 우리들이 이렇게 이 순간 평화롭게 함께하지 못했을 것이다. 내 마음속의 원망과 서러움이 평안과 감사로 변화되는 것을 느끼면서 나는 아버지가 천국에 가셨다는 것을 다시금 확신했다.

"아빠, 하나님 믿어야 천국에 가서 오빠도 만나고 나도 만날 수 있어."
"나는 교회는 안 다니지만 교인이나 다름 없어. 나는 하나님 믿어."

어머니가 병원에 입원하셨을 때 치매로 정신이 오락가락하시던 아버지와의 대화가 아직도 생생하다. 먼저 천국에 도착하신 아버지께서 그림 속에서처럼 아름다운 저택에서 따뜻하고 평안하게 지내시면서 우리 형제를 기다리시기를 고대한다. 그때는 저 빈집이 진정 밝은 빛으로 따뜻하게 채워질 것이다.

빛은 어둠 속에서 더욱 반짝인다

2022년 2월

 내 생애 첫 유화 작품
 나는 저 마르린몬노가 내 자화상이라도 되는 듯이 발악을 하듯 그림을 그렸다. 원장님이 색을 눌러 놓을 때마다 나는 더 밝은 톤으로 덧칠을 해댔다. 유화를 권하신 것도 소재를 택한 것도 원장님이었지만 그림의 주인은 나이기 때문이다. 나는 선택도 힘들 정도로 무기력했지만 나를 지탱할 힘은 아직 남아있었다.
 실패라고는 겪어본 적이 없는 도도한 표정의 마르린몬노를 그리며 내 맘속에서는 오기와 희열이 꿈틀거렸다. 나를 아무리 밀어뜨려 봐라. 내가 넘어지나.

아버지가 돌아가시고 딸은 불합격하고 마음의 병마저 심해졌다. 아니 심해진 것이 아니라 늘 가지고 있던 중세가 아무 것도 할 것이 없어지자 발현된 것일 뿐이었다. 딸은 사주에 물만 가득한 수왕절 사주로 우울 기질이 많은 데다가 사회성이 부족하여 입시가 끝나자 자기 방으로 칩거하기 시작했다.

아버지를 선산에 모시고 온 다음날 딸을 레슨해주시던 교수님께 전화가 왔고 교수님은 딸의 재능이 아깝다며 무료로 지도하고 싶다고 하셨다. 아버지의 소천과 딸의 상황을 전해 들은 교수님은 자기 일처럼 안타까워했다.

"어머니, 힘들어서 어떡해요?"

애끓는 듯한 목소리가 내게 큰 위로가 되었다. 나를 제외하고 내 딸을 가장 잘 아는 사람이기에 그 사람의 공감은 진심이었다. 상처받은 자에게는 진심만이 위로가 되는 법이다. 알지도 못하면서 섣불리 판단하고 조언을 핑계 삼아 비난하는 것은 상처에 소금을 뿌리는 것 같다. (그 입을 정말 찢어버리고 싶다.)

딸로 인하여 그 겨울 난 또 한 명의 지인을 잃었다. 아니 내가 버렸다.

"권사님, 우리는 끝까지 함께하자."라고 말씀하셨던 내가 존경하고 사랑했던 여목사님을 버리며 나는 참으로 가슴 아팠다. 내가 그녀를 버린 이유는 그녀가 내게 진심이 아니었기 때문이었다. 결국 그녀가 나를 먼저 버린 것이다.

우울증으로 무너져 내리면서도 삶의 마지막까지 도도하고 당당하고 사랑스러웠던 마르린몬노의 가면이 내게도 필요했다. 딸은 교수님의 제안을 거절했고 나는 딸을 위해 내가 할 수 있는 모든 것을 하기로 결심했다. 바로 복학 신청을 했고 학교 인근에 아늑한 투룸도 얻어주었다. 원장님 딸이 같은 학교에 다니고 있어서 모든 것이 순조로웠다. 우리는 희망을 얘기했고 희망을 기대했고 희망을 믿었다. 아침에 눈을 뜨면 서러운 생각들이 나를 잡아먹을 듯이 활개 치기 전에 일어나서 동네 호수 주변을 걸었고 집안일을 마치면 화실에 와서 그림을 그렸다.

 이제 본 저 그림은 와장창 깨져버린 자아를 퍼즐조각 맞추듯이 단정하게 맞추어 인위적인 빛깔로 덧칠하여 원래의 모습이 가지지 못한 신비한 아름다움을 표현한 것 같다. 그런 아름다움이 내게도 발현되길 바라며 저 그림을 아직 슬픔이 깃드는 우리 집 거실에 전시했다. 그리고 주문을 걸듯이 내게 끊임없이 속삭였다.
 빛은 어둠 속에서 더욱 반짝인다!!!

사랑하는 아빠, 오래오래 기억해 드릴게요

2022년 이른 봄의 초입

  우리 아버지는 참 미남이셨다. 텔레비전에서 탤런트 박근형이 흥부로 나오는 모습을 보면서 어린 나는 혼란스러웠다. 왜 우리 아버지는 저 사람보다 더 잘생겼는데 텔레비전에 나오지 않는 것일까?

  우리 아버지는 참 부지런하시고 점잖으셨다. 아버지는 아침에 일찍 일어나서서 이부자리를 정리하시고 텔레비전을 켜서 뉴스를 들으셨다. 나는 항상 뉴스 소리 때문에 일어났고 그 앞에는 신문을 펼친 아버지의 선비다운 모습이 보였다. 아버지는 식사를 하실 때도 국물을 한 수저 떠서 드시고 소리도 내지 않으며 점잖게 식사를 하셨고 꼭 밥을 반만 드셨다. 그 모습이 멋있어서 나도 따라했는데 어린이는 밥을 다 먹어야 한다고 하셨다. 나는 어린 시절부터 밥을 참 예쁘게 먹는다는 소리를 많이 들었는데 아마도 아버지의 식사하시는 모습을 흉내내려는 것이 습관이 된 듯하다.

돌아보면 아버지는 참 교육적이셨다. 국경일이 되면 보물을 다루듯이 국기를 꺼내서 게양하셨고 홀로 되신 할머니를 극진히 모셨다. 무엇보다 언행이 단정하셨고 교육의 중요성을 늘 강조하셨다. 우리 집에는 다른 집에 다 있는 아이들 장난감이 없어서 나는 장난감 말도 빌려 타고 세발자전거도 빌려 탔지만 우리 집에는 다른 집에 없는 국어사전이랑 백과사전, 전집이 있었고 내게는 어려운 책이었지만 공부 잘하는 언니가 있는 우리 집에 잘 어울린다고 생각했다.

아버지는 낭만적이고 섬세하셨다. 동물을 사랑하셨던 아버지 덕분에 우리 형제들은 어릴 때부터 고양이랑 동고동락했고 내 마음속에 아직도 살아 숨 쉬고 있는 큰 집으로 이사 갔을 때는 두 마리의 개를 집에 데려오셨는데 아버지께서는 극진히 개들 밥을 챙기시고 손수 산책도 시키셨다. 아버지는 마당의 화단을 열심히 가꾸셔서 사시사철 꽃이 피어나게 하셨다. 우리 집이 빚에 허덕일 때 엄마가 시장에서 장미꽃 모종을 사오신 일이 있었다.

"내가 너네 엄마 이런 맛에 같이 산다."

잘생긴 얼굴에 가득 미소를 피우시며 말씀하시는 아버지 덕에 나는 마음이 평안해졌다. 아버지의 손길로 화단 중심에 자리 잡은 장미꽃을 보며 점점 기울어지는 가세 속에서도 나는 희망을 잃지 않았다.

아버지는 참 낙천적이셨다. 우리 집이 결국 쫄딱 망해서 이모네 집에 방 한 칸을 얻어 살게 되었을 때 선비 같은 아버지는 어머니와 함께 오일장을 떠돌아다니며 장돌뱅이가 되셨지만 행복해 보였다. 큰 집에 큰 가게를 운영할 때는 두 분이 돈 때문에 종종 싸우시곤 하셨는데 어머니를 위해 리어카를 끌고 미는 두 분은 신혼처럼 다정해 보였다. 비가 와서 장이 서지 않을 때 큰오빠와 나를 데리고 코끼리가 나오는 서커스를 보러 가자는 아버지가 어린 나이에도 이해가 가지 않았지만 (우리 형편에 그것은 사치라는 것을 너무 잘 알고 있기에) 아버지를 따라나서는 발걸음은 가벼웠다. 결국 비가 와서 서커스는 하지 않았고 나는 실망보다는 큰돈을 쓰지 않게 되어서 다행이라 생각했다.

그런 아버지의 긍정적인 모습과 억척스러운 어머니의 생활력으로 우리 집은 조만간 이모네 집에서 독립하여 단칸방이지만 고양이도 키울 수 있고 강아지도 키울 수 있는 우리만의 공간으로 이사할 수 있었다. 형편이 좋지 않았지만 아버지는 종종 낚시를 가셨고 겨울에는 엽총으로 사냥도 하셨다. 머리가 굵어진 언니 오빠는 아버지를 무능한 한량 취급을 하며 가끔씩 대들기도 했지만 나는 그런 아버지가 참 좋았다. 어디서 얻어온 하얀 애완용 강아지를 데려와서 따뜻한 물을 데워 목욕시키며 행복해하던 아버지의 모습은 빛에 반사된 강아지 털보다 더 환하게 반짝였다.

아버지는 막내인 나를 참 사랑하셨다. 사람들 앞에서 늘 나를 자랑하시던 아버지는 나를 데리고 다니는 것을 좋아하셨다. 아버지 자전거 뒷자리는 짐을 싣기 위해 긴 판자와 강철로 된 고정대가 설치되어 있어 서서 타기에도 참 좋았고 내 남자친구 상훈이와 같이 타기에도 참 좋았다. 그 자전거를 타고 장에 가서 나비라는 우리 집 첫 고양이를 데려왔던 기억은 꿈만 같다. 내 뒤에서 떨어지지 않기 위해 내 허리를 두 팔로 감고 함께 웃던 상훈이는 지금 어디서 무엇을 하고 있을까?

아버지는 나를 참 자랑스러워하셨다. 중학생이 되어 첫 시험에서 얼떨결에 전교 1등을 한 날 갑자기 스타가 되어버려 피곤한 일정을 보낸 나는 집에 오자마자 까무룩 잠들었다. "네가 뭔 1등이야."라고 시큰둥하게 반응하던 엄마가 주인아주머니에게 자랑하던 소리가 잠결에 들릴 정도로 피곤했는데 깊은 잠에 들기도 전에 누군가 나를 흔들어 깨웠다. 아버지의 호들갑에 어렴풋이 눈을 떴을 때 그 행복한 표정과 격앙된 목소리를 무엇에 비유할 수 있을까? 아버지는 주머니에서 지폐를 꺼내셨고(용돈으로 지폐를 받기는 그날이 처음이었다.) 한동안 내 가방 앞주머니에 손을 넣으면 언제나 동전이 만져졌다.

며칠 후 아버지는 낚시 가실 때 나를 데리고 가셨고 함께 온 아버지 친구는 나보다 한두 살 많은 아들을 동반하셨다. 그 시절 아버지는 고모부의 도움으로 공사판 십장으로 취직하셨는데 상대편도 같은 직종이고 꽤 부자라고 하셨다. "제가 전교 1등을 했어요. 나는 단칸방에 살아도 세상에 아무 것도 안 부러워요."라고 말씀하시던 아버지의 모습이 좀 부끄러웠지만 싫지 않아서 난 그 부잣집 막내아들의 느끼한 미소를 재

수 없지만 참아주었다. 하필 그 자식이 우리 집 앞에 있는 학교를 다녀 등굣길에 간혹 그 느끼한 미소를 봐야 했고 단짝인 숙자는 그것을 참 재밌어 했다. 아버지를 생각해서 그냥 고개 숙이고 스쳤던 나는 그 자식 친구들이 내 뒤에서 그 자식을 응원하는 소리를 듣고부터는 정색을 하고 등교 시간과 등교 동선을 바꾸어 버렸지만 수녀처럼 살았던 내 사춘기 시절에 아버지는 재밌는 에피소드를 선사해준 셈이다.

아버지는 언니의 두 아들을 참으로 사랑하셨다. 경기도에서 교사를 하는 언니를 위해 두 아들을 모두 키워주셨는데 내가 부러울 정도로 정말 예뻐하셨다. 둘째가 다섯 살이 될 무렵 언니네 집으로 보낸 후 부쩍 늙으신 아버지의 쓸쓸한 거실에는 둘째 조카를 닮은 예쁜 동자승 사진이 붙어 있어서 내 마음을 아프게 했다. 그 사랑했던 두 손자와 함께 한강 나들이를 가셨을 때 우리 아버지는 얼마나 행복하셨을까? 사진 속의 아버지는 행복한 미소를 짓고 계셨는데 난 그 이면의 쓸쓸함도 표현하고 싶어서 저렇게 어정쩡한 표정의 아버지를 그리고 말았다.

"우리 현주 정말 전교 1등 했어?"

환하게 웃으며 신나게 말씀하시던 우리 아버지에게 더 큰 선물을 드릴 일이 내 생애 다시 기적처럼 일어나기를… 꼭 그러하기를…

사랑하는 아빠, 내 마음이 당신을 멋지고 자랑스러운 아빠로 오래오래 기억할 터이니 당신의 삶은 결코 헛되지도 쓸쓸하지도 않습니다. 아빠를 요양병원에 보냈다고 해서 우리가 아빠를 버린 것은 아닙니다. 나도 엄마가 되었고 아빠처럼 내 가정을 지켜야 했거든요. 그러니까 부디 서글퍼하지 마세요. 안 그러면 아빠를 얼마라도 내 집에 모시지 못한 내 자신을 내가 용서하기가 너무 힘들거든요. 아빠… 나도 그때 너무 힘들었어요. 이해해주세요. 정말 죄송해요.

봄은 오고 꽃은 피고

2022년 봄

    비와 눈이 섞여 내리던 이른 봄날 지인과 함께 산에 오른 후 나는 산의 매력에 빠져 벚꽃이 질 때까지 주말마다 산에 올랐다. 내가 느낀 산의 매력이라 함은 산의 아름다움이나 고요한 기품을 의미하는 것이 아니라 온갖 번뇌를 있는 그대로 흡수하는 능력이다. 내 원망과 미움과 억울함을 그대로 다 토로해도 묵묵히 들어주는 산이 나는 참 좋았다.

    그래도 감사하고 모든 것을 나의 부덕으로 돌리는 거룩한 기도는 그 시절 내게 불가능했다. 엄마는 선망 증세가 심해져 내게 원망을 쏟아내며 억지소리를 해댔고 아버지가 남긴 유일한 재산인 작은 집을 처리하는 과정에서 돌아가신 큰오빠의 처가 소유권을 주장하며 억지소리를 해댔다. 그깟 집 줘버

려도 그만이지만 편찮으신 부모님께 자기 아들을 떠넘기고 그렇게 부모님 속을 뒤집어놓은 작자가 이제 나타나서 재산을 챙기겠다고 절차를 복잡하게 만드는 것이 견디기가 힘들었다. 상식이 통하지 않는 사람을 상대한다는 것이 얼마나 숨이 막히는 것인지 겪어본 자만 알 것이다.

　상식이 통하지 않는 그 여자의 아들인 우리 조카는 대학교에 입학하자마자 자퇴를 해놓고서도 계속 부모님께 등록금과 생활비를 가져갔다. 아버지 장례식에서 비상식적인 그녀의 입을 통해 처음 알게 된 사실이었다. 나는 그것도 모르고 조카가 안쓰러워서 볼 때마다 용돈을 쥐어주고 아버지를 간병하는 과정에서도 조카가 병원에 머무를 때는 미안하여 전문 간병인과 같은 급료의 비용을 지불했었다. 남편이나 언니가 그 아이를 의심할 때도 그 아이를 두둔했었다. 헛웃음이 나긴 하지만 그것을 후회하지는 않는다. 내 오빠의 아들이니까.

　아버지께서 의식이 있으셨을 때 내게 자신의 통장과 도장을 넘겨주며 조카에게 도둑놈이라고 욕을 해대서 나를 민망하게 했던 상황이 떠오른다. 아버지 지갑이 분실되었고 아버지는 조카를 의심했다. 나는 상황을 몰랐기에 되레 아버지를 뭐라 하고 조카에게 미안하다고 했었다. 아버지는 조카가 없는 자리에서도 분을 못 이기며 저 놈 도둑놈이라고 믿지 말라고 하시면서도 마지막으로는 그래도 혼내지 말고 잘해주라고 하셨다. (또 눈물이 난다.) 가여우신 우리 아버지는 그 조카가 안쓰러워서 자신을 돌보는 데는 하나도 돈을 쓰지 않으셨다. 아버지가 주신 통장에는 자신 앞으로 나온 노인생활수급비가

한 푼도 쓰지 않은 채 적립되어 있었다. 아… 바보 같은 나의 아버지.

　아버지의 지갑은 아버지가 돌아가신 후 요양원으로 이동하시는 어머니의 옷을 챙기기 위해 방문했다가 안방 한가운데서 발견되었다. 지갑은 텅 비어있었고 그 안에 몇 개의 명함만 남겨있었는데 아이러니하게도 아버지께서 내게 깜빡하고 알려주지 않으셨던 통장 비번이 적혀 있었다. 나는 복잡한 심경으로 한참을 고민하다가 결심했다. 너희들에게 더 이상의 자비는 없다. 나는 언니 오빠에게 사실을 알리고 아버지께서 남긴 돈을 어머니 요양원 비용으로 사용하기로 했다.

　아버지의 통장을 보며 서러운 눈물을 흘렸던 나는 어머니 통장을 보며 분노의 눈물을 흘렸다. 상식이 통하지 않는 우리 엄마는 내게 더 많은 돈을 받기 위해서 언니가 어려운 형편에도 매달 꼬박꼬박 생활비를 보냈던 것을 내게 감추었다. 십여 년을 엄마에게 속았다는 사실보다 언니와 나를 이간질시켜 나를 외롭게 만든 것이 너무 서러웠다. 엄마는 나를 볼 때마다 교장이나 된 년이 자기 부모를 모른 척한다고 내게 욕을 해대서 나는 언니를 원망했고 한편으로 얼마나 형편이 어려우면 저럴까 싶어서 힘든 일이 있을 때도 제대로 상의조차 못했다. 내 처지가 서러워 홀로 눈물 흘렸던 것을 생각하면 정말 기가 막혔고 그 어려운 형편 속에서도 꼬박꼬박 생활비를 보내며 주변 사람들에게 욕을 먹었던 언니가 참으로 가여웠다. 아버지를 선산에 모시던 날 언니 자녀들의 초라한 행색과 새언니 자녀들의 브랜드 로고가 대비된 장면이 떠오를 때면 지금도 분한 눈물이 맺힌다.

　아버지에 대한 안쓰러움과 비상식적인 그들에 대한 분노에 잡아먹히지 않기 위해 나는 휴일에 눈을 뜨자마자 산행을 떠났다. 정신의 괴로움을 덜어내기 위한 방법으로 몸을 혹사시키는 것만큼 좋은 방법은 없는 것 같다. 주님의 사랑으로 용서하고 이겨낼 만큼 나는 거룩한 사람이 못 된다. 나는 내 모습대로 살기로 했다. 나는 상식적인 사람이지 거룩한 사람이 아니다. 나는 상식적이지 못한 사람들로부터 상식적인 사람을 지켜내기로 했다. 엄마랑 새언니랑 조카로부터 아무리 욕을 먹더라도 나는 더 이상 우리 형제들이 그들로부터 시달리게 하고 싶지 않았다. 그래서 나는 그렇게 했다. 앞으로도 흔들리지 않을 것이다. 그들에겐 꼭 필요한 만큼의 자비만을 베풀 것이다. 나는 착한 사람이기를 일찍이 포기했다.

　앙상한 나뭇가지를 바라보며 내 마음 같다 생각하며 산에 올랐었는데 어느덧 거기서 새순이 올라오고 꽃도 아름답게 피어내고 꽃비를 내려주어 내 마음을 감싸주었다. 그런 산이 고마워서 그림으로 간직하고 싶었다. 남편은 저 그림을 보면서 저 남자가 자기냐고 그랬다. (남편은 내가 자기를 그려주기를 바란다.) 그냥 그때 그 자리에 저 사람이 있던 것을 찍은 사진을 그렸을 뿐인데 왜 그 사람을 우리 아버지라고 우기고 싶은 것일까?

　가엾은 우리 아버지. 그곳에서 건강한 모습으로 산행도 하시고 꽃그늘 밑에서 편히 쉬시기도 하세요. 그곳에서는 상식적인 분들만 만나시구요. 제가 착해져서 그들을 다 용서하고 아버지에게 가는 그날에는 꼭 반찬가게 음식이 아닌 제가 만든 음식으로 도시락 싸서 함께 산에 가요. 그리고 아버지가 얼마나 귀하고 값진 삶을 사셨는지 들으셔야 해요. 나는 그게 너무 마음이 아파요. 아버지가 그걸 모르시는 것 같아서요. 엄마도 언니도 오빠도 모르는 것 같아서⋯ 그런데 나는 알아요. 세상에서 한 사람만 알면 충분하지 않을까요. 아빠, 난 지금도 이 글을 쓰면서 어린 아이처럼 울고 있답니다. 강아지가 놀라서 일어나 내 눈치를 보네요. 아빠가 예뻐하셨던 우리 사랑이도 저렇게 행복한데 아빠도 행복하셔야지요. 아빠 살아계셨을 때 이런 말씀 해드리지 못해 미안해요. 그래도 다행이에요. 엄마 대학병원에 가셨을 때 내가 밥상 차려드리며 "아빠가 우리들 잘 키워줘서 돈으로 간병인 사서 엄마 모시게 하고 있으니까 걱정하지 마."라고 하셨더니 아빠가 눈물을 훔쳤잖아요. 그 기억 때문에 제가 덜 힘들어요. 제가 그 말씀을 드려서 그래도 다행이에요. 아빠, 저희들을 잘 키워주셔서 정말 감사합니다.

착한 사람

2022년 봄

    나는 착한 사람을 좋아한다. 옳고 그름을 분별하여 옳게 살려고 노력하고 손해를 보더라도 인간의 도리를 해야 마음이 시원하고 남의 아픔에 공감할 줄 알고 따스함이 삶의 곳곳에 베인 그런 사람을 나는 참 좋아한다.

    젊은 선생님들로만 채워진 작은 학교에서 마음을 나눌 이가 없어 외로웠을 때 친해진 비슷한 연령의 돌봄선생님이 바로 그런 사람이었다. 아이들을 진심으로 대하고 돌봄이 아닌 교육을 펼치는 모습을 보고 일반교사 못지않다 싶었는데 알고 보니 원래 꿈이 교사라 하였다. 시골 학교에서 엄친 딸로 자란 터라 자존감이 높았지만 도시에서 고등학교를 다니면서 공부를 게을리해서 이루지 못한 자신의 꿈을 이런 식으로라도 펼칠 수 있는 것이 감사하다 하였다. 블라우스에 무릎 위로 살짝 올라오는 미니스커트를 즐겨 입고 언제나 미소를 머금었던 그녀의 모습은 중년이 넘었음에도 봄 햇살처럼 산뜻했다.

　공감력이 뛰어나고 삶에 대한 통찰도 깊어서 함께 대화를 나누는 시간이 너무 즐거워 방과 후에도 따로 차를 마시기도 하고 함께 산책도 하고 등산도 하는 친한 사이가 되었다. 속 깊은 얘기를 나누며 서로 위로 받는 좋은 사람이 생겨서 너무 감사했는데 그녀가 암에 걸렸다. 앞의 그림은 암에 걸린 그녀를 위로하기 위해 옆 반 돌봄선생님과 셋이 떠난 나들이 길에서 찍은 사진을 그린 것이다. 그녀가 수술을 받기 위해 서울로 떠나던 날 이 그림을 사진으로 보내주었더니 그녀도 그녀의 남편도 너무나 기뻐하였다. 나는 그녀에게 받은 위로가 너무 커서 무엇이라도 해주고 싶었었다.

　오빠처럼 여기던 형부가 갑작스럽게 돌아가셨을 때도 그녀는 언니와 조카를 자기 집에 머물게 하면서 그들이 안정을 찾을 때까지 극진히 돌봤다. 그때만 해도 그녀에겐 생기가 있었다. 언니와 조카들이 다시 자기 집으로 돌아간 후부터 그녀는 더 이상 예쁜 블라우스도 짧은 미니스커트도 입지 않았고 생기를 잃어갔다. 그녀는 항상 미소를 짓고 감사하다는 말을 입에 달고 살았지만 나는 그녀의 내면이 붕괴되고 있다는 것을 막연하게 느끼며 염려했기에 그녀가 암에 걸렸다는 사실이 안타까우면서도 감정에 솔직하지 못했던 그녀가 원망스러웠다.

돌보지 못한 감정은 시한폭탄과 같은 것이다. 10여 년 넘게 주말부부를 하면서 섬세한 성향의 아들을 홀로 키우다시피 하고, 시부모님을 정성껏 보필하면서 받은 내면의 상처들, 언니 가족들을 위로하느라 자신의 아픔은 돌아보지 못했던 서러움들을 그녀는 암 진단을 받은 후에서야 구체적으로 털어놓았다.

다행히 초기에 발견되고 상피내암이라 수술 후 2개월 정도 요양원에서 치료를 받은 후 완치되었으나 여름방학에 복직한 그녀는 많이 야위고 예민해져 있었다. 갱년기에 접어든 상황이라 그녀는 심적으로도 많이 힘든 상황이었으나 지인들과 가족들의 위로와 도움, 그리고 신앙의 힘으로 다시 삶의 중심을 잡기 시작하였다. 평소 덕을 많이 베풀고 친절한 사람이라 주변에 사람이 많았으나 사람의 위로는 한계가 있다는 것을 그녀를 보면서 절실히 깨달았다. 인생의 위기에서는 스스로 강해지는 것밖에는 답이 없다.

나는 착한 사람을 좋아한다. 그런데 진정으로 착한 사람은 자기에게도 착한 사람이어야 한다. 그래서 나는 착하면서도 강한 사람을 좋아한다. 나는 그녀가 더욱 더욱 강해졌으면 좋겠다. 그래서 바지만 고수하는 그녀가 예전처럼 미니스커트를 찰랑거리며 생기 있는 목소리로 돌봄이 아닌 교육을 펼치기를 간절히 소망한다.

예전에 남편과 드라이브를 하며 그녀들의 착함을 칭송하는 내게 건조한 눈빛과 목소리로 남편은 말했다.

"착하면 아파… 그리고 죽어…"

남편 주변의 착한 사람들도 착한 우리 오빠도 아프다가 그렇게 죽었기에 나는 반박하려다 말았다. 착하기로 유명했던 우리 남편도 나처럼 착하기를 포기했다. 그리고 남편은 그 전보다 행복해졌다. 나는 예전의 잘생기고 섬세하고 착한 우리 남편을 더욱 사랑했지만 지금의 강해진 남편으로 인해 삶의 무게가 덜어졌다. 나는 남편이 착하기를 포기한 것이 참으로 다행이라고 생각한다.

호랑이 새끼 중에 고양이는 없다

2022년 초여름

    이 그림을 그릴 때 나는 둘째 딸로 인해 큰 고통을 겪고 있었다. 나는 저녁마다 산책길에 유럽풍의 아름다운 성당을 돌면서 여리고성이 무너지기를 간절히 소망하는 이스라엘 백성들과 같은 심정으로 이 상황이 무사히 지나가기를 바랐다. 딸아이에게 한꺼번에 닥치는 불행 앞에서 내가 할 수 있는 것은 이 상황을 딸이 잘 견딜 수 있기를 소망하고 내가 중심을 잃지 않고 잘 버틸 힘을 달라고 기도하는 것뿐이었다.

    학기 초부터 코로나 증상으로 힘겨워하던 딸은 몸이 지극히 약해졌고 조퇴하는 과정에서 담임교사와 부딪히는 일이 많아졌다. 게다가 딸과 친하게 지내던 남학생이 가정 사정으로 인해 자퇴를 했고 건강과 멘탈이 무너져 가고 있는 상황에서 치룬 중간고사 결과는 치명적이었다. 딸은 자퇴를 해야 한다고 강력히 주장하였고 성질 급한 남편까지 합세하였다. 내신으로 딸이 원하는 대학을 가기 위해서는 자퇴를 선택하는 것이 현실적인 선택이었으나 그것은 여러모로 모험적이고 위험한 일이었다. 그 남학생이 자퇴를 하였기 때문에 엄마 입장에서는 더욱 두려운 일이었다. 모범생이라 하지만 내 딸에게 해를 끼칠 사람인지 도움이 될 사람인지는 본능적으로 알아차릴 수 있는 것이 바로 모성이다.

딸은 시선을 돌려 힘을 내려 했으나 정말 되는 일이 하나도 없었다. 딸과 메이트로 학생회장단에 출마하기로 했던 남학생은 담임교사의 설득으로 성적이 좋은 그 반 여학생과 출마하기로 했다고 딸에게 장문의 사과문을 보내어서 딸을 비참하게 만들었고 단짝이었던 친구와도 손절을 할 상황이 되었다. 단짝인 친구는 최상위권에서도 앞을 다투는 친구였고 모의고사와 딸의 생일이 겹쳐 딸의 생일을 축하해주지 않은 것이 발단이 되었다. 2학년이 되어 다른 반이 되고 서로 불만이 많이 쌓인 상황이었던 터라 둘 사이는 회복이 되지 않았고 남보다 못한 사이가 되어버렸다. 게다가 진로공동탐험 프로그램에 나가기로 했던 팀도 한 명이 불만을 품어 깨져버렸고 새로 사귄 친구들은 활달함이 지나쳐 섬세한 딸의 심기를 계속 건드렸다. 딸은 두 번이나 응급실에 실려갔고 한 달에 한 번꼴로 결석하고 링겔을 맞아야 해서 담임교사는 딸을 곱지 않게 보았다.

"엄마, 아무리 감사하려고 해도 감사할 게 없어요."라고 말하는 딸에게 나도 해줄 말이 없었다. 나라도 그 상황에서는 감사하기 힘들 것 같았다. 의미 없는 고통은 없다고 이 고통이 네 삶에 밑거름이 될 거라고 네가 큰 그릇이 되려고 이러한 일이 있는 거라고 때론 나도 믿어지지 않는 이야기를 반복했던 것 같다.

딸을 응원하기 위해서인지 내가 버티기 위해서였는지 기억할 수 없지만 딸이 야간자율학습을 할 때 나는 저 그림을 그렸다. 뉴스 아나운서가 되어 세상의 정의를 실천하고 싶어 하는 작은딸과 작곡으로 남을 위로하고 싶어 하는 큰딸의 소망과 그보다 더 간절한 내 소망을 담아서 걱정과 염려로 엇나가는 붓질 위에 계속 덧칠을 해나가며 어렵게 그림을 완성했다.

그림을 완성하자마자 카톡 프사에 올리고 "호랑이 새끼 중에 고양이는 없다."라고 주문을 외듯 글을 올렸다. 호랑이 태몽을 꾸고 세상에 나온 우리 딸은 내 그림과 문구를 아주 흡족해했다.

여리고성을 하루 일곱 번씩 칠일을 돌았다던 이스라엘 사람들보다 훨씬 더 많이 훨씬 더 애타게 성당을 돈 후에 우리의 여리고성도 무너졌다. 여리고성처럼 한 번에 확 무너진 것이 아니라 딸의 삶을 가로막는 나쁜 장막이 하나씩 하나씩 무너졌고 그 모든 것은 딸이 직접 해야만 하는 것이었다. 남에게 싫은 소리를 못하던 딸은 억울한 상황에서 목소리를 내기 시작했고 그러한 상황으로 다툼이 있어도 예전만큼 흔들리지 않았다. 자신을 오해하고 있는 보건교사와 담임교사에게 직접 억울함을 토로했고 사과도 받고 오해도 풀어서 전화위복이 되었다.

그해 겨울 딸은 자퇴한 그 남학생이 1학년 때 했던 것처럼 영어말하기대회 사회자가 되어 자존감을 회복했고 학교에서 가장 큰 행사라는 독서토론대회에서도 사회자가 되어 자신의 꿈이 이루어질 것이라는 확신을 가졌다. 그리고 자퇴하지 않기를 잘했다고 말하며 그때 자기를 붙들어준 것에 대해 감사를 전했다.

딸은 자신의 꿈을 이루기 위해 정시를 목표로 그해 겨울부터 본격적으로 공부를 시작했다. 그동안 쌓아놓지 않아 많이 삐걱거리고 낙심할 때도 있지만 나는 우리 딸이 이번에도 해내리라 믿는다. 고3이 된 딸은 이제 더 이상 응급실에도 가지 않고 결석도 조퇴도 하지 않고 링겔도 맞지 않는다. 비록 더 딜지라도 포기하지 않는 자의 꿈은 반드시 꼭 이루어진다. 언젠가는 저 그림이 현실이 될 것임을 믿고 또 믿으며 나는 여리고성을 돌고 또 돌 것이다.

모지스 할머니처럼

2023년 1월

    모지스 할머니를 알게 된 것은 내가 풍경화를 어느 정도 흉내내기 시작할 무렵 책을 통해서였다. 70세에 그림을 그리기 시작해서 100세가 넘을 때까지 왕성한 활동을 한 할머니의 그림은 전문가가 보기에 원근 및 명암 처리가 부족하여 비평을 받기도 했지만 할머니 나름대로의 독보적인 화법과 순수한 아름다움으로 사랑을 받았다. 할머니는 책과 그림을 통해 내게 많은 위로를 주었고 언젠가는 나만의 전시회를 열어보겠다는 꿈을 심어주었다.

    여름방학 때부터 이 글을 쓰기 시작하면서 그림 그리기를 소홀히 했던 나는 원장님의 권유로 유화에 도전하여 가을에 밀레의 만종을 모사했으나 원장님의 손길이 너무 많이 닿은 그림이라 애정이 가지 않아서 프사에도 올리지 않았다.

작은딸이 안정을 찾으면서 나는 그림을 그리지 않아도 평안했고 좋은 책들과 사랑에 빠져 풍요로운 시간을 보내면서 내면이 더욱 튼튼해졌다. 소로우의 월든, 파커 J. 파머의 삶의 가장자리에서, 삶이 내게 말을 걸어올 때, 톨스토이의 인생론, 헬렌 켈러의 행복해지기 위한 가장 단순한 방법, 이어령의 인생 수업은 내게 노동과 사색과 독서의 힘을 깨우쳐줬다. 나는 그 깨우침으로 이전보다 훨씬 부지런해졌고 사고가 더욱 명쾌해져서 건강하고 쾌활한 젊은 시절의 내 모습을 되찾았다.

겨울방학이 되어 내가 미술학원을 다시 찾은 이유는 이 글을 마무리 짓기 위한 그림을 그리기 위해서였다. 모지스 할머니가 그린 농촌의 겨울 풍경이 간택되었고 나는 기쁨과 희망을 담아 이 그림을 그렸다. 입시철이라 신시의 본원으로 옮긴 원장님이 오랜만에 오셔서 "선생님, 왜 이렇게 오랜만이에요. 얼굴이 정말 좋아지셨네요."라며 반겨 맞으셨고 나도 반가움에 그녀의 손을 덥썩 잡았다. 그림을 그리며 서로의 인생을 이야기하다 친밀해졌고 그 친밀함이 굳건해지는 과정에서 선을 넘다가 상처도 주고받으며 이제는 진정한 벗이 된 원장선생님은 여장부 같지만 섬세한 여성성과 따뜻한 모성을 가진 분이시다. 그녀의 제자인 부원장님이 이제 분원의 원장님이 되셔서 그녀의 오른팔 역할과 함께 좋은 친구 역할을 하고 있다. 둘은 인근의 전원주택 터에 땅을 샀고 집을 지어 이웃으로 평생 살기로 계획할 정도로 학원에서 동고동락한 사이다.

얼마 전 원장님은 우리 집 근처에서 차를 함께하며 내게도 이웃이 되기를 권하시며 "선생님 같은 사람이랑 이웃으로 함께 살아야 해. 우리 재밌게 사시게요."라고 말씀하셔서 나를 흐뭇하게 했다. 선생님 같은 사람은 내가 원장님 같은 사람이라고 말하는 것과 같은 의미이고 그것은 강하고 진취적인 여성의 상징이기 때문이다. 40대 초반에 대기업에 다니던 남편이 명예퇴직을 하면서 그녀는 생활 전선에 본격적으로 뛰어들었고 온갖 어려움을 겪으며 지금의 대규모의 학원을 키워냈다,

나는 그녀의 강인함보다 아이들을 진심으로 사랑하고 아끼는 따뜻한 사랑과 모성을 더 높이 산다. 아이들에게 직접 만든 식사를 제공하고 생일 이벤트를 챙기기도 하고 그림을 그릴 때마다 아이들과 따뜻한 대화를 나누는 모습을 보면서 내 자신을 반성할 때가 많았다. 그녀의 제자였던 아이들이 지금은 대학을 졸업하고 그 자리에서 그녀처럼 아이들에게 그림을 가르치고 따뜻한 대화로 인생의 동반자가 되어주는 모습을 보면서 성공적인 삶을 산 그녀가 내심 부럽기도 했다. (정작 그녀는 그녀의 삶이 너무 고달팠다며 미술을 전공한 딸이 임용고시에 합격해서 교사가 되어 안정적이 삶을 살기를 간절히 바라고 있다.)

앞의 그림의 원작자인 모지스 할머니야말로 강하고 진취적이며 따뜻한 모성을 가진 여성의 상징이다. 그녀는 노동을 놀이로 승화시킬 수 있는 마법을 가진 여성이다. 그녀가 쓴 책에서 농촌의 바쁜 일상이 축제처럼 표현되어 나도 그 떠들썩함에 기쁘게 참여하고 싶다는 생각을 했었다. 그녀의 그림들

이 동화 속의 한 장면처럼 따스하고 아름다운 것 또한 노동을 놀이로 승화시킬 수 있는 마법의 가루가 그녀의 붓에 묻어있기 때문이다. 원장님의 학원에서 느껴지는 따뜻함이 그녀의 그림과 이야기 속에 배여 있다.

원장님의 울타리 안에서 그려진 내 그림을 보며 지인들은 따뜻하다고 한다. 유학 준비 시절 스터디 모임에서 만났던 옛 친구가 근 10년 만에 카톡을 통해 근황을 전하며 내 그림이 영혼을 위로하는 그림이라고 칭하여 나를 행복하게 했다.

일본인 사업가와 결혼하여 타국에서 살고 있는 그녀 또한 따스함이 그리울 것이다. 다른 스터디 멤버들 중 두 명은 유학을 떠났고 따스함을 항상 그리워하던 나와 그녀는 유학을 포기하고 결혼을 했다. 결혼 소식을 알리고 스터디 모임을 떠난 내게 그녀가 선물해주었던 커플 썬글라스는 어디로 사라져 버렸을까… 선물을 전하며 행복을 빌던 그녀의 눈망울이 너무 외로워서 나는 오래도록 미안하고 그녀를 생각하면 마음 한켠이 시렸었다. 그녀가 행복해져서 참 다행이다.

모지스 할머니와 원장님이 한 자리에 머물러 있는 한결같은 나무 같은 사람이라면 그녀와 나는 가만히 있지 못하고 세상의 아름다움을 찾아 맘껏 날아다녀야 하는 새 같은 사람이다. 겉보기에는 활기가 넘치고 냉정해 보이지만 마음속에 채워지지 않는 외로움이 있어 결국 나무에 걸터앉아 위로를 받지만 충전이 되면 또 날아다녀야 속이 시원한 사람이다. 난 나무 같은 사람이 되려고 많이 노력했지만 나무들도 새에게 위로받는 사실을 알게 되면서 그냥 생긴 대로 살기로 했다.

좋아하는 작가의 글을 읽으면서 또 내 글을 쓰면서 나는 새 임에도 덜 외로워졌고 나무에 오래 머물러도 지루하지 않다. (아마 나이가 들어 내 날개가 더 이상 튼튼하지 않는 탓이기도 할 것이다.) 이제 내가 그림을 그린다면 그것은 위로받기 위함이 아니라 위로하기 위함이요, 삶의 아름다움을 노래하기 위해서일 것이다. 나의 롤모델 모지스 할머니처럼.^^

To. 세상에 한 명뿐인 우리 엄마께♥

엄마 안녕하세요? 저는 엄마의 막내딸 **이에요. 요새 저 학원 픽업해 주시느라 정신없고 힘드실 것 같아요. 그런데도 엄마가 묵묵히 그 역할을 해주시는 이유는 저를 믿기 때문이고 저를 정말 사랑하기 때문이라고 생각해요. 항상 저를 진심으로, 그리고 인격적으로 대해주시는 엄마, 제가 좋아하는 일을 할 수 있도록 열심히 공부해서 꿈을 이루어 보답하고 싶어요.

엄마 안에는 소녀가 살고 있는데 우리 가족을 위해서 항상 헌신하고 중심을 잡아주셔서 정말 감사해요. 당장은 제가 성과를 드러내지 못할지라도 제 페이스대로 노력하고 있다는 것을 알아주세요. 나뭇가지가 하늘 위로 뻗어나고 있지 않다고 해서, 나무에 잎이 풍성하게 돋아나지 않는다고 해서, 나무가 탐스러운 열매를 맺지 않았다고 해서, 아무 일도 하고 있지 않는 것은 아니며 있는 힘을 다해 뿌리를 내리고 있지만 단지 눈에 보이지 않을 뿐이거든요. 큰 소리에 놀라지 않는 사자처럼 그물에 걸리지 않는 바람처럼 진흙에 더럽혀지지 않는 연꽃처럼 무쏘의 뿔처럼 혼자서 가볼게요.

53세 생신을 진심으로 축하드리고 지금까지 저를 잘 키워주셔서 감사드려요. 가끔씩 제가 툴툴대는 것 정말 죄송하고 더 성숙하고 많은 사람들을 품을 수 있는 그릇으로 성장할게요. 해달라는 것 다 해주시고 누구보다 저를 믿어 주시고 늘 격려해 주시는 엄마 덕분에 항상 옳은 길로 갈 수 있었고 정의로운 사람으로 성장할 수 있었어요.

　정말 훌륭한 교육자이자 엄마이신 사랑하는 엄마! 앞서 말씀드렸듯이 당장 결과가 눈에 보이지 않는다 해서 절대 좌절하지 않고 꾸준히 나아갈게요. 맡은 일에 최선을 다하는 사람이 되어서 꼭 제 꿈을 이루어 약자를 돕는 사람이 되도록 하겠습니다.

　무슨 일이 있더라도 할 일은 꼭 하시는 엄마의 모습이 항상 너무 멋있고 닮고 싶었어요. 저를 좋은 가정에서 태어나게 해주시고 늘 좋은 경험, 많은 추억을 선사해 주시고 올바른 가르침으로 키워주셔서 너무 감사드립니다.

　아빠, 언니, 사랑이와 예쁜 추억 앞으로도 많이 쌓으며 행복하게 살아요. 저는 엄마 아빠께 평생 효도하며 은혜 갚으며 살게요. 더 강해지고 더 담대한 제가 되도록 할게요. 다시 한번 생신 축하드려요. 엄마가 있어서 제 삶은 정말 빛나고 행복해요. ^^

　사랑하고 감사합니다.

- 2023년 5월 18일
내면이 꽉 찬 사람이 되고픈 ** 드림♥

*하나님께서 제게 주신
하나의 빛이자 사랑인 엄마께*

엄마, ㅋ 생신을 맞이해서 전하고픈 말을 하나 더 쓰고 있어요. 제가 2021년에 고등학교에 들어갈 때가 엊그제 같은데 이제 고등학교 생활의 막바지가 되었고, 10대의 끝인 19살이 되었어요. 항상 얘기하지만 우리 학교는 스케일이 매우 크고 굉장히 다양한 사람들이 많고 정말 빡센 학교예요. 제가 선택한 그 학교에서 많은 경험들을 했어요. 진짜 저의 모습인 여리고 순수함이 제일 먼저 발견되었고 끈기와 근성을 가지고 버티는 법도 배웠어요. 가끔은 이 학교를 선택해서 다니는 게 맞는 걸까? 생각이 들기도 하지만 많이 깨지고 부서지고 다시 일어나고 하는 과정들을 겪으며 저의 다양한 내면을 섬세하게 느끼게 되었고 그것을 다스리고 은근히 다독여주는 제 모습도 보았어요. 제가 많이 까탈스럽고 욕심도 많고 생각도 많아서 옆에서 다독여주시느라 고생이 많으시죠? 엄마가 없었더라면 지금의 저도 없기에 우리가 함께 창조해낸 것이라 생각해요. 지금 이 순간을.

너무 주어진 과업에서 주변의 일들에서 벗어나 인간답게 엄마께 이런저런 말들을 적어보고 진심을 전하고 싶어서 꾹꾹 눌러 씁니다. 제가 훗날 어떤 사람이 될지 생생히 꿈꾸고 제 속도에 맞춰 전진하고 있지만 주변에서 악이 저를 흔들고 있어요. 앞으로도 더 세게 흔들겠죠. 선한 게 좋은 거라, 순한 게 좋은 거라 느끼지만 그렇지 않은 자리도 있다는 것을 알았고 그 자리에서 나와 같은 피해를 보는 사람이 없도록 내가 더 단단해져야겠다고, 더 강인해져야겠다고 느꼈습니다. 절대 도망가지 않을 거고 제 자리를 무슨 일이 있어도 빛낼 거예요. 저는 엄마께서 사랑으로 무수한 인내와 기도로 키워낸 소중한 보물이거든요. 내가 어떤 환경에 놓이든지 저 자신을 잃지 않을 거예요. 하나님께서 택하신 자녀이자 세상 속에서 제 사명을 전하며 살도록 선택하신 김**이므로 절대 무너지지 않을 거예요. 저는 저를 믿어요. 내가 얼마나 훌륭하게 성장할 사람인지, 얼마나 많은 사람들을 위로하고 치유해 줄 사람인지 제 진가를 저는 믿습니다. 아직 배울 것도 많고 서툴지만 끝내 저는 엄마처럼 유연하고 능숙한 어른이, 진정한 사랑과 삶, 인생에 대해 깨우치고 고찰하시는 엄마처럼 되기 위해 노력할 거예요.

제 엄마가 되어주셔서 너무 감사하고 제게 너무나 많은 것들을 조건 없이 주심에 감사합니다. 제가 가지지 못한 것보다 가진 것들을 바라보고 날 있는 그대로 좋아해 주는 사람들을 바라보며 기뻐할게요. 세상은 좋은 사람도 많고 멋진 곳도 많고 해야 할 일도 많은 곳이므로 보다 큰 세상에 나아가며 제가 할 수 있는 일들로 세상을 누비는 김**이 되겠습니다.

  19년 인생 동안 가장 큰 영향력으로 저를 성장시키신 우리 엄마, 저는 앞으로도 엄마가 참 존경스러울 것 같아요. 저의 엄마이자 스승이자 자랑이신 우리 엄마, 제가 저 멋진 **이가 될게요. 겉보다 내면을 채울 줄 아는 사랑이 넘치다 못해 흐르는 김**으로 기억될 수 있기를, 그렇게 믿고 나아가는 저는 김**입니다.

  세상에 태어나게 해주셔서 감사드리고 누구보다 엄마를 많이 사랑하고 존경합니다. 저는 그 누구보다도 가장 멋진 엄마의 딸이라 너무 행복합니다. ♥♥

- 2023년 5년 19월
엄마의 사랑사랑

글을 마치며

"누군가에게 위로가 되길 바란다."

나는 나를 위로하기 위해 그림을 그리고 글을 썼다. 이제 내 글과 그림을 오래 간직하고자 하는 개인적인 욕심과 함께 이 글과 그림이 누군가에게 위로가 되기를 바라는 마음에서 부끄럽지만 책을 출판하고자 한다. 아이들을 재우고 내 글을 눈물과 웃음으로 읽었다는 수*와 내 글이 사람들에게 많은 위로를 줄 거라는 유* 샘의 강력한 응원과 지지에 힘입어 다소 염려스럽지만 용기를 내어본다. 그리고 한결같은 사랑으로 나를 지지하는 남편과 내 삶의 가장 큰 의미인 두 딸들, 그리고 하늘나라에 계신 너무도 미안한 나의 아버지께 이 글을 헌정한다.

- 2023년 한여름

저자 **박현주**

에필로그

"언니, 지리산 언제 갈 거야?"
"어?"
"언니가 오십 살 되면 교사 그만두고 지리산 들어가서 글 쓸 거라고 했잖아. 언니 이제 오십 넘었어. ㅎㅎㅎ"
"내가 그런 말을 했어? …… 야! 육십에 갈 거야. 지금은 할 일이 너무 많아."

친동생 같은 띠동갑 친구 효*과의 통화를 마치고 한동안을 그 자리에 멈춰 있었다. 이제 막 삶의 한 고비를 넘기고 미술관에서 오랜만의 여유를 즐기고 난 후의 통화였다. 장난스럽게 던진 그녀의 말은 내게 마른하늘에 날벼락처럼 충격적으로 다가왔다.

이것은 아니다 싶었다. 인생에 치이고 있는 내가 싫었고 내가 뱉은 말에 책임을 지고 싶었다. 생각해보니 까짓것 못할 것도 없었다. 만으로 치면 이제 오십이니 지금부터 글을 쓰면 되는 것이고, 지금 교사를 그만둘 수 없는 이유는 내가 뒤늦게 아이들과 사랑에 빠졌기 때문이니 오히려 잘 된 일이었다.

"언니, 사는 게 내 맘대로 되는 게 하나도 없다."

얼마 전 효*의 힘없는 목소리에 나는 마음이 너무 아팠다. 나도 그 말을 한 적이 있고 늘 행복해 보이던 소* 언니도 한 말이고 이름을 기억할 수 없지만 제법 멋지게 보였던 누군가도 그 말을 했었다. 친동생 같은 효*의 그 말은 나를 아프게 했지만 든든한 언니 같은 그들의 말은 나를 위로했다. 이제 내 글이 누군가에게 위로가 되길 바란다.